»Das Theater ist eine Kunst wie das Kriegeführen und ein Glücksspiel wie das Roulette; niemand weiß von vornherein, wie es ausgehen wird.«

Wer so schreibt, hat am eigenen Leib erfahren, was es heißt, ein Stück auf die Beine zu stellen. Ist so ein Theatertext erst einmal unter Schweiß und Tränen verfasst, abgeliefert und bis zur Unkenntlichkeit überarbeitet worden, gilt es erst noch, die Eitelkeiten und Querelen bei der Rollenbesetzung durchzustehen. Ganz zu schweigen von den Pannen und Katastrophen, zu denen es bei den Lese- und Stell- bis hin zur Generalprobe offenbar zwangsläufig kommen muss. Ein Wunder, dass es doch erstaunlich oft Premieren gibt, die allen Beteiligten den Glanz in die Äuglein treiben – und dass danach Abend für Abend der Vorhang hochgeht.

Karel Čapek

Wie ein Theaterstück entsteht

Aus dem Tschechischen von
Otto Pick und Vincy Schwarz

Mit 47 Zeichnungen
von Josef Čapek

Unionsverlag

Die Originalausgabe erschien 1925 unter dem Titel
Jak vzniká divadelní hra a průvodce po zákulisím
im Verlag O. Štorch-Marien, Prag.
Die deutsche Erstausgabe erschien 1933
im Verlag B. Cassirer, Berlin.
Die Übersetzung wurde für diese Ausgabe
neu durchgesehen.

Im Internet
Aktuelle Informationen,
Dokumente, Materialien
www.unionsverlag.com

© by Unionsverlag 2012
Rieterstrasse 18, CH-8027 Zürich
Telefon 0041-44-283 20 00, Fax 0041-44-283 20 01
mail@unionsverlag.ch
Alle Rechte vorbehalten
Umschlaggestaltung: Martina Heuer, Zürich
Umschlagzeichnungen: Josef Čapek
Druck und Bindung: CPI – Clausen & Bosse, Leck
ISBN 978-3-293-00443-6

Inhalt

Einleitung

Erster Teil
VORBEREITUNGEN 11

Die ersten Anfänge 13
Die Besetzung 18
Die Regie 21
Die Leseprobe 26
Im Probesaal 31
Die weiteren Proben 36
Das Stück reift heran 40

Zweiter Teil
AUF DER BÜHNE 49

Die Generalprobe 51
Der weitere Verlauf 59
Die Bühnenausstattung 70
Die Premiere 87
Nach der Premiere 105

Dritter Teil
Hinter der Bühne 109

Führer durch die Kulissenwelt 111
Die da oben 113
Das Ensemble 116
Die Statisten 121
Der Inspizient 124
Der Souffleur 126
Der Vorhangzieher 128
Der Requisiteur 129
Der Beleuchter 132
Der Bühneninspektor 135
Das technische Personal 140
Die Möbelträger 141
Die Ankleider und Ankleiderinnen 143
Die Feuerwehrleute 145
Verschiedene 145
Der Hausautor 146
Die Abonnenten 146
Die Besucher der Generalproben 147

Einleitung

Diese kleine Lehrschrift möchte den Autoren, dem Publikum und nicht zuletzt der Kritik vor Augen führen, wie ein Theaterstück entsteht und welche Verwandlungen es durchlaufen muss, ehe es sich im vollen Glanz und aller Herrlichkeit seiner Premiere präsentieren kann. Wir wollen hier keineswegs den fälschlichen Eindruck erwecken, als verstünden wir das Theater. Fakt ist, dass niemand das Theater versteht, weder die auf den Brettern in Ehren Ergrauten noch der älteste Direktor, ja nicht einmal die Kritiker. Du lieber Gott, wenn der Dramaturg bereits wüsste, ob ein Stück einschlagen wird! Wenn dem Schauspieler schon vorher zugeraunt würde, dass er groß rauskommen wird, dann, ja dann könnte man sich genauso unaufgeregt und solide mit dem Theater befassen, wie man das Tischlerhandwerk oder die Seifensiederei betreibt. Aber das Theater ist eine Kunst wie das Kriegeführen und ein Glücksspiel wie das Roulette; niemand weiß von vornherein, wie es ausgehen wird. Nicht nur bei der Premiere, sondern Abend für Abend ist es das reinste Wunder, dass überhaupt gespielt wird, und wenn dann gespielt wird, dass man bis zum Ende durchspielt. Ein Theaterstück entsteht nämlich nicht durch die einfache Umsetzung eines Plans, sondern durch die ununterbrochene Überwindung unzähliger und unvorhergesehener Hindernisse. Jede Leiste im Bühnenbild und jeder Nerv im spielenden Menschen können jeden Augenblick versagen; das tun sie zwar für gewöhnlich nicht, aber dennoch ist die Situation immer prekär. Sie kann kann gar nicht anders sein.

Es sei hier nicht die Rede von der dramatischen Kunst und ihren Geheimnissen, sondern lediglich vom Theaterhandwerk und seinen Geheimnissen. Gewiss wäre es dankbarer, zu überlegen, wie das Theater idealerweise zu sein hätte und umzusetzen wäre, aber jedes Reden über Ideale täuscht nur über die komplexe und sonderbare Wirklichkeit des Bestehenden hinweg. Wir wollen hier nicht die potenziellen Möglichkeiten des Kollektivdramas oder der konstruktivistischen Bühne erörtern, denn im Theater ist schlichtweg alles möglich, es ist ein Ort der Wunder. Das größte Wunder freilich ist, dass es überhaupt vonstattengeht. Wenn sich abends um acht Uhr der Vorhang hebt, dann sei man sich bewusst, dass dies ein glücklicher Zufall oder geradezu ein Mirakel ist.

Obwohl wir der Versuchung, hier von der Kunst zu sprechen, bislang erfolgreich widerstanden haben, möchten wir der göttlichen Muse doch gern wenigstens in der Einleitung ein Kerzlein anzünden. Niemals werden Sie die Ärmste in vollem Glanz erblicken, Sie werden sie erschöpft sehen von den Proben, erkältet, allerlei Kränkungen ausgesetzt, übler Schinderei und den verdrießlichen Ärgernissen der Kehrseite des Theaters. Steht sie dann bei Festbeleuchtung und geschminkt vor Ihnen auf der Bühne, so seien Sie gewahr, was sie alles zu erdulden hatte – nun, auch dies zeugt von tieferem Verständnis für die dramatische Kunst.

Und dann gibt es da noch die anderen Menschen hinter, auf und unter der Bühne, die gemeinsam den Thespiskarren ziehen und schieben. Obwohl sie ihren Part sehr naturalistisch verkörpern, in Zivilgarderobe oder blauen Kitteln, spielen sie beim Entstehen eines Theaterstücks dennoch eine wichtige Rolle. Auch sie seien daher hier gewürdigt.

Erster Teil

VORBEREITUNGEN

Die ersten Anfänge

Seinen ersten keimenden, tapsenden Anfang erlebt das Theaterstück freilich außerhalb des Theaters, auf dem Schreibtisch des ambitionierten Autors. Ins Theater kommt es erst dann, wenn es der Autor für fertig hält. Bald darauf – in einem halben Jahr oder so – erweist sich jedoch, dass es mitnichten fertig ist. Im günstigsten Fall wandert es dann zum Autor zurück mit der Aufforderung, er möge es doch bitte kürzen und außerdem den letzten Akt umschreiben. Aus irgendwelchen geheimnisvollen Gründen ist es immer der letzte Akt, der umgeschrieben werden muss, genau wie es immer der letzte Akt ist, der auf der Bühne garantiert misslingt und in dem die Kritik ausnahmsweise einhellig die Schwäche des Stücks erkennt. Es ist verwunderlich, dass Theaterautoren trotz dieser unumgänglichen Erfahrung bei ihren Stücken jeweils auf einem letzten Akt bestehen. Es sollten einfach gar keine letzten Akte geschrieben werden. Oder aber man schneidet den letzten Akt grundsätzlich weg, wie man bei Bulldoggen den Schwanz kupiert, um ihre Silhouette nicht zu verunstalten. Oder man führt das Stück andersrum auf, beginnt mit dem letzten Akt und setzt den ersten, der immer als der beste gilt, an den Schluss. Kurz und gut, es muss etwas passieren, um die Bühnenautoren ein für alle Mal vom Fluch des letzten Aktes zu befreien.

Wenn nun also der letzte Akt zwei- oder dreimal eingestrichen und umgearbeitet und das Stück einmal angenommen worden ist, beginnt für den Autor die Wartezeit. Das ist die Periode, wo der Autor gänzlich aufhört, zu schreiben oder sonst

was zu tun, wo er weder in der Lage ist, Zeitung zu lesen oder in den Wolken zu schweben, noch, zu schlafen oder anderswie die Zeit totzuschlagen, denn er lebt im Taumel der Erwartung darauf, dass er gespielt, wie er gespielt und wann er gespielt werden wird und so weiter. Ein Autor, der wartet, ist vollkommen unansprechbar; nur ganz abgefeimte Autoren können ihre Ungeduld im Zaum

halten und so tun, als dächten sie hie und da auch an etwas anderes als an ihr angenommenes Stück. Der Theaterautor mag sich vorstellen, bereits bei Niederschrift der letzten Zeilen stehe der Theaterbote nervös hinter ihm und bestelle eilig, der Herr Autor möge doch ums Himmels willen endlich den besagten letzten Akt schicken, übermorgen sei schließlich schon Premiere, und er, der Bote, dürfe keinesfalls ohne den letzten Akt zurückkommen, und so weiter. So ist es natürlich nicht: Wenn das Stück erst mal angenommen ist, muss es zunächst eine gewisse Zeit im Theater ablagern, wodurch es an Reife gewinnt und sozusagen mit Theaterluft durchtränkt wird. Es muss schon deswegen eine Zeit lang liegen bleiben, damit man es dann als »Mit Spannung erwartete Novität« ankündigen kann. Rücksichtslos versuchen manche Autoren, diesen Reifungsprozess mit persönlichen Drohungen zu beschleunigen, zum Glück bleiben sie in der Regel ohne Erfolg. Die Sache muss ihrem natürlichen Verlauf überlassen werden. Wenn das Stück dann einmal genügend abgelagert ist, fängt es irgendwie an zu müffeln, und man muss raus damit, raus auf die Bühne; das heißt, zunächst einmal in den Probesaal.

Die Besetzung

Bevor mit den Proben begonnen werden kann, müssen natürlich erst einmal die Rollen besetzt sein, wobei der Autor die wertvolle Erfahrung macht, dass das gar nicht so einfach ist. Im Stück sind, sagen wir: drei Damen und fünf Herren vorgesehen, und für diese acht Rollen hat er an die acht oder neun Stars des Theaters gedacht und verkündet, genau ihnen seien diese Rollen auf den Leib geschneidert, niemand anderen als sie habe er sich dafür vorgestellt – ein Wunder, dass er nicht noch den seligen Sonnenthal für eine Minirolle aus dem Grab beschwört: eine kleinere Rolle zwar, aber von besonderem Gewicht! Gut, er unterbreitet den Vorschlag dem vorgesehenen Regisseur, und die Sache wandert, wie man so sagt, »nach oben«. Nun aber zeigt sich, dass:

1. Frau A die Hauptrolle nicht spielen kann, weil sie zur gleichen Zeit eine andere Hauptrolle hat,
2. Frau B die Rolle, die ihr der Autor zugedacht hat, unter beleidigtem Protest zurückgibt: Das sei doch wirklich nichts für sie,
3. Fräulein C nicht die Rolle gemäß Autorenwunsch bekommen kann, weil sie schon in der vorigen Woche gespielt hat und jetzt Fräulein D beschäftigt werden muss,
4. Herr E auf die männliche Hauptrolle verzichten soll, weil Herr F sie bekommen muss, den man neulich um die Rolle des Hamlet gebracht hat, um die er sich bemüht hatte, die damals aber Herr G erhielt,
5. Herr E stattdessen die fünfte Rolle haben könne, die er aber leider zurückgibt, tödlich erbost darüber, dass der Autor ihm nicht die vierte Rolle zugeteilt habe, die doch absolut in sein Fach gehöre,

6. Herr H sich schonen muss, weil er infolge eines Konfliktes mit dem Schauspieldirektor erkältet ist,
7. Herr K die Rolle Nummer 7 nicht spielen kann, weil niemand Besseres für die zurückgegebene Rolle Nummer 5 da ist; sie fällt zwar nicht in sein Fach, aber er wirds schon schmeißen,
8. die achte Rolle – ein Telegrafenbote – mit besonderem Entgegenkommen ganz nach Wunsch des Autors besetzt wird.

So kommt es, dass die Sache nicht nur ganz anders ausfällt, als es sich der unerfahrene Autor vorgestellt hat, sondern auch zur allgemeinen Verbitterung aller Mitwirkenden führt, die dem Autor nicht verzeihen können, dass er ihnen nicht von vornherein ihre Rolle zugedacht hat.

Vom Augenblick an, wo die Rollen verteilt sind, entstehen im Theater zwei Meinungen: zum einen, dass es im Stück sehr schöne Rollen gebe, die aber leider schlecht besetzt seien, und zum anderen, dass es darin von schlechten Rollen nur so wimmele, aus denen sich nichts, aber auch gar nichts machen lasse, und wenn man sich auf den Kopf stelle.

Die Regie

Der Regisseur, der mit der Regie des Stücks betraut worden ist, geht von der vernünftigen Annahme aus, dass man dem Stück sozusagen erst einmal auf die Beine helfen muss, das heißt, man muss es natürlich ganz anders aufziehen, als der Autor es sich zusammengereimt hat.

»Wissen Sie«, sagt der Autor, »ich habe mir so ein stilles Kammerspiel vorgestellt.«

»Das wäre verkehrt«, antwortet der Regisseur, »dieser Text muss vollkommen grotesk gespielt werden.«

»Klara, das ist so ein verschüchtertes, passives Wesen«, erklärt der Autor weiter.

»Wo denken Sie hin«, wendet der Regisseur ein, »Klara ist eine ausgesprochene Sadistin. Sehen Sie, hier auf Seite 37 sagt Danesch zu ihr: ›Quäl mich nicht, Klara.‹ – Dabei wird sich Danesch auf dem Boden winden, und sie steht daneben und bekommt einen hysterischen Anfall, nicht wahr?«

»Aber so habe ich das nicht gemeint«, wehrt sich der Autor.

»Das ist die beste Szene«, konstatiert der Regisseur trocken, »sonst hätte der erste Akt doch gar keinen Schluss.«

»Das Bühnenbild ist ein schlichtes, bürgerliches Wohnzimmer«, erklärt der Autor weiter.

»Aber es muss auf jeden Fall irgendeine Treppe oder ein Podest hin«, sagt der Regisseur.

»Wozu ein Podest?«

»Damit Klara drauf stehen kann, wenn sie ›Niemals!‹ ruft, den Moment muss man hervorheben,

verstehen Sie? Ein Podest, mindestens drei Meter hoch, und im dritten Akt springt dann Bienert da herunter.«

»Wieso sollte er dort herunterspringen?«

»Weil hier in Ihrer Regieanweisung steht: ›Stürzt ins Zimmer.‹ Das ist überhaupt eine der stärksten Stellen. Wissen Sie, dieses Stück kann ein bisschen mehr Lebendigkeit vertragen. Sie haben doch sicher nicht an irgend so eine konventionelle Dutzendkomödie gedacht?«

»Natürlich nicht«, sagt der Autor rasch.

»Na bitte ...«

Um hier schon mal Einblick in die tieferen Geheimnisse der dramatischen Kunst zu geben: Ein schöpferischer Autor ist jemand, der sich nicht durch die Bühne festlegen lässt, und ein schöpferischer Regisseur ist jemand, der sich nicht vom Text festnageln lässt. Was den schöpferischen Schauspieler angeht, so bleibt dem armen Teufel keine andere Wahl, als sich entweder an sich selbst zu halten, was natürlich eine »völlig falsche Auffassung von Regie« wäre, oder an den Regisseur, was wiederum eine völlig falsche Auffassung von der Rolle des Schauspielers wäre.

Tritt durch besondere Umstände der außergewöhnliche Fall ein, dass bei der Premiere niemand im Dialog stecken bleibt, dass keine schlecht angeschraubte Kulisse umfällt, kein Scheinwerfer durchbrennt und auch sonst kein Unglück passiert, dann wird dem Regisseur von der Kritik lobend »eine sorgfältige Regie« bescheinigt. Was reinster Zufall ist. Bevor wir allerdings zur Premiere schreiten, müssen wir noch das Martyrium der Proben durchstehen.

Die Leseprobe

Falls Sie Theaterautor sind oder sich mit der Absicht tragen, einer zu werden, rate ich Ihnen dringlich, nicht zur ersten Probe, der sogenannten Leseprobe, zu gehen. Es ist eine niederschmetternde Erfahrung. Da kommen sechs bis acht Schauspieler zusammen, die zu Tode erschöpft aussehen, gähnen und frieren; sie stehen oder sitzen in kleinen Grüppchen beieinander und hüsteln halblaut.

Dieser trübsinnig brummelnde Moment dauert bis zu einer halben Stunde, dann endlich ruft der Regisseur: »Also bitte, meine Herrschaften, wir fangen an.«

Das völlig übermüdete Ensemble setzt sich um einen wackligen Tisch.

»Der Pilgerstab. Lustspiel in drei Akten«, beginnt der Regisseur zu lesen und leiert rasch das Szenarium herunter: »Ärmliches bürgerliches Wohnzimmer, rechts eine Tür zum Flur, links eine Tür zum Schlafzimmer. In der Mitte ein Tisch und so weiter. Georg Danesch tritt ein.«

Nichts.

»Wo ist Herr X?«, fährt der Regisseur auf. »Weiß er denn nicht, dass wir Leseprobe haben?«

»Er probt auf der Bühne«, murmelt jemand unwillig.

»Dann lese ich seine Rolle«, entschließt sich der Regisseur. »Georg Danesch tritt ein. ›Klara, mir ist etwas Unerwartetes zugestoßen …‹«

Nichts.

»Verflucht noch mal!«, sagt der Regisseur. »Wo ist Klara?«

Nichts.

»Wo ist Frau Y?«

»Vielleicht ist sie krank«, knurrt eine Stimme.

»Hat wohl ein Gastspiel«, stichelt eine andere.

»Gestern hat mir die Mary erzählt«, beginnt jemand, »sie sei –«

»Dann lese ich eben die Klara«, stöhnt der Regisseur und spult in irrwitzigem Tempo den Dialog zwischen Georg Danesch und Klara ab. Niemand hört zu. Am anderen Tischende entspinnt sich ein leises Gespräch.

»Katja tritt auf«, seufzt der Regisseur schließlich erleichtert.

Nichts.

»Fräulein«, schimpft der Regisseur, »passen Sie doch auf. Sie sind doch die Katja?«

»Ich weiß«, sagt die Naive.

»Also, dann lesen Sie. Erster Akt. Katja tritt auf.«

»Ich hab meinen Text zu Hause vergessen«, erklärt das naive Fräulein neckisch.

Der Regisseur knurrt etwas Entsetzliches und haspelt selber den Dialog zwischen Katja und Klara herunter, so schnell wie ein Priester das Vaterunser bei einem Armeleutebegräbnis. Nur der anwesende Autor zwingt sich zuzuhören, ansonsten verläppert die Sache unter allgemeinem Desinteresse.

»Gustav Bienert tritt auf«, endet der Regisseur und hebt die heisere Stimme.

Einer der Mimen fährt zusammen und sucht in den Taschen nach seinem Kneifer; als er ihn endlich aufgesetzt hat, blättert er im Textbuch. »Welche Seite?«, fragt er.

»Seite sechs.«

Der Mime wendet die Seiten um und beginnt, in weihevollem Tragödenton seinen Part aufzusagen.

»Um Gottes willen«, denkt der Autor entsetzt, »das soll ein ausgelassener Bonvivant sein!« Inzwischen absolvieren der die Klara vertretende Regisseur und der den ausgelassenen Bonvivant spielende Mime ihren tristen Wechselgesang, der eigentlich ein sprühender Dialog sein sollte.

»Wann kommt ihr Gatter zurück«, liest der Mime mit Grabesstimme.

»Gatte«, verbessert der Regisseur.

»Bei mir steht Gatter«, antwortet der Mime beharrlich.

»Das ist ein Tippfehler, korrigieren Sie es!«

»Hätte man auch anständig abtippen können«, empört sich der Mime und kritzelt mit seinem Bleistift im Text.

Inzwischen ist das in Agonie verfallene Ensemble

einigermaßen in Fahrt gekommen, man hört es allerorts dröhnen: Auf einmal heißt es, halt!, in einer Rolle fehlt ein Satz; halt!, da ist ein Strich von »war die erste Liebe« bis »essen Sie gern«. Halt!, da sind die Rollen vertauscht. Also weiter; stockend, holpernd und überstürzt rumpelt der Text der mit Spannung erwarteten Novität dahin. Wer seine Rolle aufgesagt hat, packt zusammen und trollt sich, und wenns auch nur noch drei Seiten bis zum Schluss wären; scheinbar interessiert sich niemand auch nur im Geringsten dafür, wie die Geschichte ausgeht. Endlich fällt das Schlusswort, und es tritt Stille ein. Eine Stille, in der das Stück von seinen ersten Interpreten gewogen und beurteilt wird.

»Was soll ich nur für ein Kleid anziehen?«, platzt auf einmal die Heldin des Stücks ins tiefe Schweigen hinein.

Der Autor wankt hinaus, von der Überzeugung gebeutelt, dass noch nie in der ganzen Weltgeschichte ein so tristes und erbärmliches Stück wie das seine geschrieben worden sei.

Im Probesaal

Das nächste Stadium beginnt: die Stellproben im Probesaal.

»Hier ist die Tür«, sagt der Regisseur und zeigt in den leeren Raum, »und der Kleiderständer ist die andere Tür. Dieser Stuhl ist das Kanapee, und der Stuhl da das Fenster. Der Tisch ist das Klavier, und da, wo nichts ist, steht ein Tisch. So! Die gnädige Frau kommt bitte von links durch die Tür und stellt sich an den Tisch. Schön. Durch die zweite Tür kommt jetzt Georg Danesch. Verdammt, wo bleibt denn Herr X schon wieder?«

»Er probt auf der Bühne«, melden sich zwei Stimmen.

»Dann werd ich also den Danesch markieren ...«, seufzt der Regisseur und tritt durch die imaginäre Tür. »›Klara, mir ist etwas Unerwartetes zugestoßen.‹ Gnädige Frau, Sie kommen mir drei Schritte entgegen und sind bitte ein wenig überrascht! ›Klara, mir ist etwas Unerwartetes zugestoßen.‹ Dann spielt sich Danesch zum Fenster hinüber – Setzen Sie sich doch bitte nicht auf den Stuhl, der ist das Fenster! So, noch einmal, gnädige Frau. Sie treten von links auf und Danesch von der entgegengesetzten Seite. ›Klara, mir ist etwas Unerwartetes zugestoßen.‹«

»Nicht doch, Vater«, liest Klara aus ihrem Textbuch, »ich habe ihn seit heute früh nicht mehr gesehen.«

Der Regisseur erstarrt: »Was lesen Sie da?«

»Erster Akt, Seite zwei«, erklärt Klara ruhig.

»Aber das steht doch gar nicht da«, schreit der

Regisseur und entreißt ihr den Text. »Woher haben Sie das? Nicht doch, Vater ... Das ist ... Aber gnädige Frau, Sie haben ja ein ganz anderes Stück mitgebracht!«

»Das hat man mir gestern geschickt«, sagt die gnädige Frau seelenruhig.

»Dann nehmen Sie so lange das Buch vom Inspizienten, und passen Sie auf. Ich komme von rechts ...«

»Klara, mir ist etwas Unerwartetes zugestoßen«, fängt die gnädige Frau an.

»Aber das ist doch nicht Ihre Rolle«, brüllt der Regisseur verzweifelt, »Sie sind doch Klara und nicht ich!«

»Ich dachte, das wär ein Monolog«, wendet die gnädige Frau ein.

»Nein. Ich komme und sage: ›Klara, mir ist etwas Unerwartetes zugestoßen.‹ Also Achtung: ›Klara, mir ist etwas Unerwartetes zugestoßen.‹«

»Was für eine Frisur werde ich denn eigentlich haben?«, fragt die gnädige Frau.

»Keine! Also noch mal: ›Klara, mir ist etwas Unerwartetes zugestoßen.‹«

»Mar est dik gestnn?«, buchstabiert die gnädige Frau.

»Wie bitte?!«

»Ich kann das nicht lesen«, vermeldet Klara.

»Jesus, Maria und Josef!«, ächzt der Regisseur. »Da steht: Was ist dir zugestoßen? Schauen Sie doch genau hin.«

Klara ruft das gesamte Ensemble auf zu bezeugen, dass es in ihrer Kopie wirklich wie »Mar est dik gestnn?« aussieht. Sobald diese Tatsache genügend erhärtet ist, stürzt der Regisseur zum fünften Mal durch die imaginäre Tür und japst heiser: »Klara, mir ist etwas Unerwartetes zugestoßen.«

Schreckensstarr erkennt der anwesende Autor in diesem Satz inzwischen die gesamte Dummheit und Sinnlosigkeit der Welt. Niemals wird sich dieses Chaos je entwirren, nie wird sich die Welt von der Tatsache erholen, dass jemandem etwas Unerwartetes zugestoßen ist, niemals wird man auch nur das kleinste Stückchen weiterkommen …

»Katja tritt ein«, verkündet der Regisseur.

»Mhm«, ertönt es aus dem Hintergrund, wo Katja inzwischen gleichzeitig ein Würstchen vertilgt, Paso doble tanzt und tratscht. Rums! Zwei Stühle fallen um, Katja steht mitten im Saal und hält sich das Knie. »Katja ist eingetreten«, sagt sie, »Herrgott, jetzt hats mich aber erwischt.«

»Sie müssen von links auftreten, junge Frau«, schickt sie der Regisseur zurück.

»Kann ich doch nicht«, jammert Katja, »ich hab mir den Fuß verstaucht.«

»Also Achtung«, schreit der Regisseur, »Gustav Bienert tritt auf.«

Gustav Bienert blickt auf die Uhr. »Ich muss jetzt zur Probe auf die Bühne«, sagt er eisig. »Eine geschlagene Stunde hab ich hier völlig umsonst gewartet. Empfehle mich.«

Der Autor hat das Gefühl, er wäre an allem schuld. Mittlerweile aber stellt sich heraus, dass bei Nichtanwesenheit Georg Daneschs und Gustav Bienerts kein einziger Dialog gestellt werden kann, außer dem Anfang des dritten Akts.

Dienstmädchen: »Herr Bienert, gnädige Frau.«

Klara: »Lassen Sie ihn eintreten.«

Diese Szene lässt der Regisseur sieben Mal wiederholen, worauf ihm nichts anderes übrig bleibt, als die Stellprobe für beendet zu erklären. Der Autor kehrt mit der düsteren Vorahnung heim, dass sein Stück auf diese Weise selbst in sieben Jahren nicht einstudiert sein wird.

Die weiteren Proben

Und dennoch wird auf diesen Proben im Saal, wo ein wackliger Tisch einen Thron, einen Diwan, einen Felsen oder einen Balkon ersetzt, wirklich Theaterarbeit geleistet. Der Autor, begierig darauf, sein Stück zu sehen, begegnet ihm hier in derart zerpflücktem und zusammengestoppeltem Zustand, dass er am liebsten weinen würde. Man probt es vom Ende oder von der Mitte her; irgendein belangloser Auftritt wird zwanzigmal wiederholt, während ein anderer überhaupt nicht an die Reihe kommt; die Hälfte der Schauspieler ist krank, die andere Hälfte tummelt sich auf anderweitigen Proben, und dennoch gibt es Minuten, in denen der Autor spürt, dass »es« allmählich Wirklichkeit wird.

Nach drei oder vier Tagen taucht eine neue Persönlichkeit auf: der Souffleur. Die Schauspieler lesen nicht mehr ab, sondern beginnen zu spie-

len, sie sind bei der Sache, es läuft prächtig. Der Autor erklärt vollmundig, schon am selben Abend könnte Premiere sein. »Warten Sie erst einmal ab, bis wir auf der Bühne sind«, bremsen die Schauspieler seine Begeisterung. Endlich kommt der große Tag, wo das solcherart misshandelte Stück zu den Proben auf die Bühne gelangt. Noch wird hinter geschlossenem Vorhang geprobt, der Souffleur sitzt an einem Tischchen, auch der Herr Autor drückt sich um die Tischchen herum und freut sich, dass alles klappt. Obwohl, im Grunde klappt überhaupt nichts. Auf dem Weg vom Probesaal auf die Bühne ist das Stück aus unerfindlichen Gründen vollkommen aus dem Leim gegangen. Alles ist futsch.

Aber nach zwei, drei Proben wird auch das wieder in Ordnung gebracht, es läuft beinahe famos; und der Regisseur ruft: »Los jetzt, Vorhang auf, und der Souffleur in den Kasten.« Das ist der Augenblick, in dem sogar der abgehärtetste Schauspieler erbleicht. Denn aus geheimnisvollen, vermutlich akustischen Gründen klappt schon wieder mal nichts, sobald der Souffleur in seinem Kasten hockt. Der zerknirschte Autor sieht vom Parkett aus zu, wie der Text auf der Bühne wie ein zerschlissener Fetzen im zausenden Wind hin und her flattert. Überdies scheint sich der Regisseur längst nicht mehr drum zu kümmern, was die Schauspieler auf der Bühne sagen, und wütet bloß herum, dass jener mehr rechts stehen und dieser schneller abgehen solle. Weiß der Kuckuck, warum ihm so viel daran liegt, denkt sich der Autor. Im Text steht bloß: »Danesch geht ab«, das genügt doch.

Aber offenbar ist der Regisseur verrückt geworden, denn jetzt brüllt er wie ein Tobsüchtiger, dass Klara einen Schritt zurücktreten soll. Auch die Schauspieler sind irgendwie vergrätzt und streiten mit dem Souffleur herum, er plärre immer dazwischen und sei nicht richtig zu verstehen. Georg Danesch erklärt, er habe die Grippe und gehöre nach Hause ins Bett. Im Hintergrund kläfft der Inspizient in einem Anfall atavistischer Wut mit dem Requisiteur herum. Endlich hat sich der Regisseur heiser geschrien und verstummt, während der aus den Fugen geratene Text sich ermattet über die Bühne schleppt.

Der Herr Autor duckt sich im Parkett wie ein Häuflein Unglück. Das Ganze ist hoffnungslos verfahren und weit und breit keine Rettung in Sicht: Übermorgen ist die Generalprobe.

Das Stück reift heran

In der Regel platzt am letzten Tag vor der Generalprobe der Unglückssack. Im Ensemble brechen epidemische Grippen, Angina, Lungenentzündungen, Brustfellentzündungen, Blinddarmreizungen und andere Unpässlichkeiten aus. »Fühlen Sie mal, wie viel Fieber ich habe«, röchelt der Hauptdarsteller dem Autor ins Ohr, und das klingt, wie wenn Dampf aus einem Rohr entweicht. »Ich gehör ins Bett – mindestens für eine Woche«, hustet er beinahe erstickend und starrt den Autor vorwurfsvoll an wie ein Opfer, das zur Schlachtbank geführt wird.

»Ich krieg kein einziges Wort heraus«, krächzt Klara. »Hier auf der Bühne zieht es entsetzlich. Herr Autor, man soll mich zum Arzt gehen lassen, sonst werde ich die Premiere nicht spielen können.« Und um das Maß vollzumachen, schickt der fröhliche Bonvivant ein ärztliches Attest: Magenkrämpfe. Voilà!

Um der Wahrheit die Ehre zu geben, sei hier gesagt: Das Schauspielgewerbe ist härter als das Kriegeführen; und falls jemand von Ihnen Schauspieler werden will, so rate ich – anstelle von Vater und Mutter – mit gefalteten Händen und erhobener Stimme dringend davon ab. Wer es sich dennoch felsenfest in den Kopf gesetzt hat, der prüfe zuvor seine Widerstandskraft und Geduld, er probiere aus, wie man unter der Perücke und der Schminke schwitzt, und überlege sich, ob er es aushält, nackt im Frost zu gehen oder in wattierte Kleidung gepackt ein Dampfbad zu nehmen, ob er fähig ist, acht Stunden am Stück zu stehen, zu laufen, zu schreien, zu flüstern, seine Mahlzeiten aus Papiertüten einzunehmen, Mastix mit Wanzenduft unter der Nase zu haben, von Scheinwerfern gesotten und von der Windmaschine aus der Versenkung angefaucht zu werden, etwa so viel Tageslicht zu erhaschen wie ein Bergmann, sich auf Schritt und Tritt schmutzig zu machen, Pech beim Kartenspielen zu haben, eine ganze halbe Stunde lang nicht niesen zu dürfen, ein von zwanzig Vorgängern durchschwitztes Trikot zu tragen, sechsmal die Kleider von der verbrühten und regelrecht dampfenden Blöße abzustreifen, mit Knochenhautentzündung, Angina und vielleicht sogar Beulenpest zu spielen und noch viele andere Qualen auszuhalten, die ein Schauspieler, der spielt, ertragen muss; während ein Schauspieler, der nicht spielen darf, noch hundertmal schlimmere Martern zu durchleben hat.

»Also los gehts, anfangen«, posaunt der gefühllose Regisseur, und auf der Bühne beginnen einige heisere Gestalten herumzuwanken, die mit letzter Kraft einen grauenhaft widerwärtigen Text herunterleiern, den ihnen der Souffleur aufzwingt. »Aber meine Damen, so geht das nicht«, schreit der Regisseur, ganz außer sich. »Noch einmal zurück! Das hat überhaupt kein Tempo! Und Sie haben bei der Tür zu stehen! Also noch einmal: Katja tritt ein.«

Katja tritt mit dem Schritt einer verscheidenden Schwindsüchtigen ein und bleibt stehen.

»Nun, junge Frau, beginnen Sie!«, poltert der Regisseur. Katja lispelt etwas, den Blick in unbekannte Fernen gerichtet.

»Aber Fräulein, Sie sollen ans Fenster gehen«, rast der Regisseur. »Noch einmal, zurück!«

Katja beginnt zu schluchzen und rennt von der Bühne. »Was hat sie denn?«, fragt der anwesende Autor entsetzt. Der Regisseur zuckt die Achseln und zischt wie eine glühende Eisenstange im Wasser. Der Autor nimmt sich zusammen und rast ins Theaterbüro: Man könne die Premiere unmöglich übermorgen stattfinden lassen, man müsse sie dringend verschieben und so weiter und so fort. (Jeder Autor ist am Tag vor der Generalprobe dieser Ansicht.) Als er – einigermaßen beruhigt – eine halbe Stunde später zurückkommt, tobt auf der Bühne ein schrecklicher Konflikt zwischen dem Hauptdarsteller und dem Souffleur. Der Hauptdarsteller behauptet, der Souffleur habe ihm irgendein Stichwort nicht gegeben, was der Souffleur heftig bestreitet, während er zum Zeichen des Protests seinen Kasten verlässt. Nun kriegt der Inspizient sein Fett weg, der wiederum den Vorhangzieher anraunzt, worauf sich der Krawall im Labyrinth der Theaterkorridore fortsetzt und erst irgendwo im Heizraum verebbt. Inzwischen ist es gelungen, den Souffleur zur Rückkehr in den Kasten zu bewegen, allerdings derart verbittert, dass er nur noch wispert.

»Also, fangen wir an!«, schreit der Regisseur mit gebrochener Stimme und setzt sich, fest entschlossen, sich nicht mehr in die ganze Chose einzumengen; denn man muss wissen, dass der letzte

Akt noch kein einziges Mal auf der Bühne geprobt worden ist.

»Glauben Sie, es wird übermorgen klappen?«, fragt ihn der Autor ängstlich.

»Aber es läuft doch alles fabelhaft«, sagt der Regisseur und springt auf: »Noch einmal! Zurück! Das ist alles schlecht! Noch mal von da an, wo Katja auftritt!« Katja tritt auf, aber im selben Moment bricht ein neuer Sturm los. »Herrgott«, tobt der Regisseur, »wer macht da solchen Radau? Wer hämmert da? Herr Inspizient, werfen Sie den Lumpenhund hinaus, der diesen Krach in der Versenkung macht!« Es stellt sich heraus, dass besagter Lumpenhund einfach ein Maschinist ist, der etwas an der Versenkung zu reparieren hat; denn in jedem Theater wird andauernd etwas repariert. Ferner stellt sich heraus, dass der Maschinist nichts auf sich sitzen lässt und sich heldenhaft und wortreich zu wehren weiß; schließlich wird mit Müh und Not ein Waffenstillstand geschlossen, mit der Bedingung, dass der Maschinist etwas weniger und leiser mit seinem Hammer herumzuklopfen versucht.

»Also, fangen wir an«, röchelt der Regisseur, aber auf der Bühne steht der Souffleur mit der Uhr in der Hand und sagt: »Mittag! Am Nachmittag hab ich zu soufflieren. Ich muss jetzt los.«

Damit endet gewöhnlich die letzte Probe vor der Generalprobe; es ist ein drückender, spannungsgeladener Tag, stürmisch und wolkenverhangen; aber morgen wird sich der breite, strahlende Regenbogen der Generalprobe am Theaterhimmel wölben.

»Herr Regisseur«, bemerkt der Autor, »vielleicht könnte Klara im ersten Akt –«

»Jetzt steht das Ganze, und so bleibt es auch«, fällt ihm der Regisseur streng ins Wort.

»Herr Regisseur«, berichtet Klara, »ich hör grad von der Schneiderin, dass mein Kleid nicht zur Premiere fertig sein wird. Es ist schrecklich.«

»Herr Regisseur«, ruft Katja, »was für Strümpfe soll ich anziehen?«

»Herr Regisseur«, meldet der Requisiteur, »wir haben kein Aquarium da.«

»Herr Regisseur«, sagt der Bühnenmeister, »wir werden das Bühnenbild auf keinen Fall bis morgen fertig haben.«

»Herr Regisseur, Sie sollen nach oben kommen.«

»Herr Regisseur, was für eine Perücke soll ich tragen?«

»Herr Regisseur, müssen es graue Handschuhe sein?«

»Herr Regisseur«, fleht der Autor, »sollten wir die Premiere nicht doch verschieben?«

»Herr Regisseur, ich könnte eine grüne Schärpe nehmen.«

»Herr Regisseur, brauchen Sie Fische im Aquarium?«

»Herr Regisseur, die Schaftstiefel muss mir aber das Theater bezahlen.«

»Herr Regisseur, vielleicht brauch ich doch nicht hinzufallen, wenn ich ohnmächtig werde. Ich mach mir dabei nur das Kleid schmutzig.«

»Herr Regisseur, hier ist das geänderte Plakat.«

»Herr Regisseur, wäre dieser Stoff nicht viel besser für die Hose?«

Der anwesende Autor beginnt, sich als die allerletzte und überflüssigste Figur auf der ganzen Welt zu fühlen. Geschieht ihm recht, hätte er das mit dem Schreiben besser bleiben lassen.

Zweiter Teil

AUF DER BÜHNE

Die Generalprobe

Die Generalprobe ist theoretisch die Probe, bei der alles »wie am Abend« sein soll, mit Bühnenbild, Beleuchtung, Kostümen, Schminke, Geräuschen, Requisiten und Komparsen, in der Praxis ist es eine Probe, bei der nichts von alldem tatsächlich zur Stelle ist, bei der sich in der Regel erst die Hälfte der Dekorationen auf der Bühne befindet, während die andere Hälfte noch trocknet, gerade gerahmt wird oder sonst wie »unterwegs« ist; wo zwar die Hosen fertig genäht sind, aber nicht die Röcke; wo sich zeigt, dass im ganzen Theater keine geeignete Perücke aufzutreiben ist; wo offenbar wird, dass gerade die Hauptrequisiten fehlen; wo die Statisten nicht kommen können, weil der eine als Zeuge bei Gericht aussagt, der andere auf irgendeiner Behörde weilt und die restlichen im Krankenhaus oder sonst wo sind ; wo der bestellte Flötist erst um drei Uhr kommen kann, weil er im

Privatleben Kirchenvorstand irgendeines Pfarramtes ist. Die Generalprobe ist, kurz und bündig, ein Generalüberblick über all das, was im letzten Moment noch fehlt.

Der Autor sitzt im Zuschauerraum und harrt der Dinge, die da kommen mögen. Zunächst kommt lange gar nichts, die Bühne ist leer; dann treffen die Schauspieler ein, gähnen und verschwinden unter Bemerkungen wie: »Mensch, ich hab noch gar nicht in den Text geschaut« in ihren Garderoben. Dann werden die Dekorationen angekarrt, und das technische Personal strömt auf die Bühne. Den Autor juckts in allen Gliedern, den Männern zu Hilfe zu eilen; so sehr freut er sich darauf, das fertige Bühnenbild zu sehen. Männer in blauen Kitteln zerren eine Zimmerwand herbei, ausgezeichnet! Jetzt ziehen sie eine zweite Wand her, hurra! Fehlt nur noch die dritte, aber die ist noch in der Malerwerkstatt. »Dann hängt eben erst mal irgendeinen Fetzen hin«, ruft der Regisseur. Schließlich wird anstatt der dritten Wand ein gemalter Wald aufgestellt.

Daraufhin gerät der ganze weitere Ablauf wegen irgendeiner Leiste ins Stocken. Es beginnt damit, dass zwei Männer in blauen Kitteln an einer Kulisse

herumbohren. »Was macht ihr da?«, schreit der Bühnenmeister.

»Hier muss doch eine Leiste hin«, sagen die Männer. Der Bühnenmeister schreitet ein, hockt sich nieder und bohrt auch an der besagten Kulisse herum.

»Was ist denn da los, zum Donnerwetter?«, brüllt nach einer Viertelstunde der Regisseur.

»Hier muss noch eine Leiste dran«, antwortet der Bühnenmeister. Der Regisseur stößt einen entsetzlichen Fluch aus und schreitet ein, das heißt, er hockt sich nieder und nimmt die besagte Kulisse in Augenschein.

»Herr Regisseur, warum fangen wir nicht an?«, ruft nach einer Viertelstunde der Autor.

»Hier muss noch eine Leiste dran«, antwortet der Regisseur vollkommen vertieft.

Vernichtet setzt sich der Autor hin; irgend so eine Leiste ist hier also wichtiger als mein Stück; was ist denn überhaupt los mit dieser »Leiste«?

»Herr Autor, warum fangen wir nicht an?«, fragt aus dem Dunkel des Zuschauerraums eine Frauenstimme.

»Es muss noch eine Leiste dran«, antwortet der Autor fachmännisch und bemüht sich, in der Finsternis zu erkunden, wer da gesprochen hat. Es duftet nach Harz und parfümierter Seife.

»Ich bin es, die Katja«, lächelt es mit blinkenden Zähnen aus der Finsternis. »Wie gefällt Ihnen mein Kleid?«

Ach so, das Kleid; der Autor ist froh, dass sich überhaupt jemand um seine Meinung schert, und erklärt begeistert, genau so habe er sich das Kleid vorgestellt: ganz schlicht und unauffällig –

»Aber es ist doch ein Modellkleid«, erwidert Katja beleidigt.

Wie durch ein Wunder ist endlich die mysteriöse Angelegenheit mit der Leiste erledigt. »Also, auf die Plätze«, schreit der Regisseur.

»Herr Regisseur, diese Perücke kann ich nicht nehmen.«

»Herr Regisseur, soll ich einen Stock in der Hand halten?«

»Herr Regisseur, es ist bloß ein Statist gekommen.«

»Herr Regisseur, da hat wieder jemand das Aquarium zerschlagen.«

»Herr Regisseur, in diesem Fetzen spiele ich nicht.«

»Herr Regisseur, uns sind zwei Tausender durchgebrannt.«

»Herr Regisseur, heute markier ich bloß.«

»Herr Regisseur, Sie sollen nach oben kommen.«

»Herr Regisseur, Sie sollen nach unten kommen.«

»Herr Regisseur, Sie sollen in die Zwei kommen.«

»Anfangen, anfangen«, brüllt der Regisseur. »Vorhang runter! Souffleur! Herr Inspizient!«

»Es geht los«, schreit der Inspizient.

Der Vorhang senkt sich, im Zuschauerraum wird es finster; des Autors Herz bebt in sehnsüchtiger Erwartung: Endlich wird er sein Stück erblicken.

Der Inspizient klingelt zum ersten Mal.

Endlich wird sein Wort Gestalt annehmen.

Die Klingel ertönt zum zweiten Mal, doch der Vorhang hebt sich nicht. Stattdessen hört man, vom Vorhang gedämpft, das wütende Gelärm zweier Stimmen.

»Sie streiten schon wieder«, brummt der Regisseur und eilt auf die Bühne, um dazwischenzugehen. Nun hört man, vom Vorhang gedämpft, das wütende Gelärm dreier Stimmen.

Schließlich klingelt es zum dritten Mal, und ruckend hebt sich der Vorhang.

Auf die Bühne kommt ein absolut unbekannter Herr mit Schnurrbart und sagt: »Klara, mir ist etwas Unerwartetes zugestoßen.«

Irgendeine Dame tritt ihm entgegen: »Was ist dir zugestoßen?«

»Halt!«, ruft der Regisseur. »Schalten Sie die untere Rampe aus! Geben Sie etwas Gelb dazu! Und weshalb scheint die Sonne nicht ins Fenster?«

»Sie scheint ja!«, ruft eine Stimme von unterhalb der Bühne.

»Das nennen Sie Sonne? Sie müssen mehr Licht geben! Aber zackig!«

»Dann brauchen wir also doch noch die zwei Tausender«, meldet die unterirdische Stimme.

»Ja, also her damit, Himmelherrgottdonnerwetter!«

»Aber wir haben ja keine«, und ein Mensch in weißem Kittel klettert auf die Bühne. »Ich hab dem Herrn Regisseur doch gesagt, dass sie durchgebrannt sind.«

Die Stimme des Regisseurs überschlägt sich vor

Wut. »Dann nehmen Sie eben andere!« Und er macht einen Satz auf die Bühne, wo ein Krawall von noch nie da gewesener Heftigkeit losbricht, wie er zum Beginn jeder ernst zu nehmenden Generalprobe gehört.

Inzwischen sitzt der Autor auf heißen Kohlen. »Lieber Gott«, sagt er sich in Gedanken, »im ganzen Leben schreib ich kein Theaterstück mehr.«

Ach, wenn er doch bloß sein Wort halten würde!

Der weitere Verlauf

Das Bühnenvolk ist bekanntlich abergläubisch; so darf man zum Beispiel niemals einer Schauspielerin vor der Premiere »viel Glück« wünschen, sondern »Hals- und Beinbruch«, wobei die Betreffende anzuspucken ist. Ähnlich wird berichtet, dass es bei der Generalprobe Krawall geben muss, damit die Premiere glatt verläuft. Vielleicht ist da was dran; das Gegenteil lässt sich zumindest nicht beweisen, denn bis zum heutigen Tage hat es noch nie eine Generalprobe ohne Krawall gegeben.

Das Ausmaß des Krawalls hängt mit der Autorität des Regisseurs zusammen; am heftigsten ist er, wenn der Chef persönlich Regie führt. Ist der Regisseur zu schwach, dann sorgen andere für den nötigen Krach: der Ausstattungsleiter, der Inspizient, der Bühnenmeister, der Beleuchter, der Maschinenmeister, der Dekorateur, der Requisiteur, der Souffleur, der Gewandmeister, der Garderobier, der Mann auf dem Schnürboden, der Maskenbildner, der Bühnenarbeiter oder eine andere technische Kraft. Einzige Regel dabei ist: Es dürfen weder Schuss- noch Stichwaffen benutzt werden. Alle anderen Arten des Angriffs oder der Verteidigung sind mehr oder weniger erlaubt, insbesondere Schreien, Brüllen, Heulen, Weinen, sofortige Kündigung, Beleidigung, Beschwerden bei der Direktion, rhetorische Scheinfragen und andere Grausamkeiten. Damit will ich keineswegs behaupten, dass das Theatermilieu besonders wild, blutrünstig oder gewalttätig sei; es ist nur sozusagen etwas verrückt. Soziologisch betrachtet, ist ein großes Theater ein Konglomerat der verschiedensten Menschen und Berufe; zwischen dem Maskenbildner und dem Mann, der den Theaterdonner macht, klafft eine größere Kluft als zwischen Stalin und Mussolini, die doch irgendwie Berufskollegen waren. Zwischen dem Theaterrequisiteur und dem Dekorateur herrscht ein ewiger Kompetenzstreit; das Tuch auf dem Tisch ist Sache des Dekorateurs, während der Teller auf demselben Tisch zum Wirkungsbereich des Requisiteurs gehört, und steht auf dem Tisch eine Lampe, dann hat sich der Beleuchter darum zu kümmern. Der Gewandmeister unterschätzt grundsätzlich die Tätigkeit des Bühnentischlers, was ihm dieser allerdings

lebhaft heimzahlt. Der Kulissenarbeiter behindert eifrig den Tapezierer und vice versa; beide zusammen machen wiederum dem Beleuchter mit seinen Kabeln, Apparaten und Reflektoren das Leben schwer; der Dekorateur mit seinen Leitern und Teppichen kompliziert dieses Interessengerangel in der Regel noch und wird dafür von allen zusammen beschimpft. Bedenkt man, dass sich dieses technische Durcheinander in allergrößter Eile abspielt und für gewöhnlich noch nichts fertig ist, dass der Regisseur den Inspizienten unter Druck setzt und der Inspizient alle andern, dass bereits Mittag ist und die Probe noch nicht begonnen hat, dann, ja dann wird die gereizte und katastrophale Stimmung einer Generalprobe nachvollziehbar.

Aber wohlan, der Regisseur hat sich resigniert mit dem unfertigen Zustand der Bühne abgefunden, der Schneider dem Schauspieler die halb fertige Jacke angezogen, der Maskenbildner ihm eine provisorische Perücke aufgesetzt, der Garderobier ein Paar viel zu großer Handschuhe aufgetrieben, der Requisiteur hat ihm den Stock in die Hand gedrückt – es kann losgehen; der Vorhang hebt sich, der Held legt los: »Klara, mir ist etwas Unerwartetes zugestoßen«, da hört man vom Regisseur plötz-

lich einen hysterischen Schrei, ein Zeichen, dass irgendetwas wohl nicht so ist, wie es sein sollte. Jetzt allerdings ist es das Licht.

Und so sprach der Herr: »Es werde Licht!« Und es ward Licht. Nur besagt die Heilige Schrift nicht, ob es gelbes, rotes oder blaues Licht war, sie spricht nicht von Rampen, Beleuchtungsrinnen, Lichtgräben oder Punktlicht, von Einsern oder Zweiern oder Dreiern, von Fünfzigern, Hundertern und Tausendern, von Regulatoren und Reflektoren, von Horizont und von Schatten, Kegeln und anderen Lichterscheinungen; der Herr befahl nicht: »Die zweite Rampe auf sechs gelb schalten!«, noch: »Gebt Blau aufs Portal, Himmelherrgott, kein Blau, ich will kein Blau, schaltet den Kronleuchter ein und deckt den Mond ab, das ist nicht gut; Donnerwetter, an den Horizont muss Orange hin, und der Kronleuchter darf nicht ins Publikum blenden« und so weiter. Der Herr hatte es bequem, denn er schuf zuerst das Licht und dann erst den Menschen und das Theater. Die Generalprobe ist die Probe zu: »Es werde Licht!«, nur dass es nicht so glatt vonstattengeht wie zu Zeiten der Genesis.

»Herr Regisseur«, ruft endlich der Held auf der Bühne, »es ist schon ein Uhr; proben wir jetzt oder nicht?«

»Warum wird denn nicht längst geprobt?«, röchelt der heiser gewordene Regisseur ganz außer sich.

»Klara, mir ist etwas Unerwartetes zugestoßen.«

Der Regisseur fährt auf: »Falsch! Fahrt die dritte Rampe auf die Hälfte runter.«

»Was ist dir zugestoßen?«

»Noch mehr! Mehr runterfahren!«

»Herr Regisseur«, ruft der Beleuchter, »die dritte Rampe leuchtet doch nicht mehr.«

»Zum Donnerwetter, *was* leuchtet denn dann noch dort?«

»Das ist der Kronleuchter. Der Herr Regisseur hat angeordnet, dass ich den Kronleuchter einschalte.«

»Das geht Sie einen Dreck an, was ich angeordnet habe«, raunzt der Regisseur, »machen Sie den Leuchter aus, und ziehen Sie die dritte Rampe auf sechs.«

»Klara, mir ist etwas Unerwartetes zugestoßen.«

»Was ist dir denn zugestoßen?«

»So ist es falsch, geben Sie Gelb auf den Kronleuchter, und löschen Sie die Rampe.«

Einen Moment lang herrscht eine seltsame, beruhigende Stille. Oh, würde er doch verweilen!

»Was ist los?«, braust der Regisseur auf. »Warum wird nicht geprobt?«

Auf die Bühne tritt der Inspizient. »Bitte schön, Herr Regisseur, die Klara ist mal weggegangen.«

»Sie hat jetzt Probe«, tobt der Regisseur, »sie soll auf die Bühne kommen, und zwar sofort.«

»Aber –«

»Kein Aber«, wütet der Regisseur, und plötzlich knurrt er, schwach, gebrochen, wie einer, dem schon alles egal ist: »Dann fangen wir an.« Endlich geht es los.

»Klara, mir ist etwas Unerwartetes zugestoßen.«

»Was ist dir denn zugestoßen?«

In dem Augenblick taucht der Dekorateur mit seiner Stehleiter auf und lehnt sie ans Fenster.

»Menschenskind, was tun Sie da?«, fährt ihn der Regisseur mit überschnappender Stimme an.

»Die Vorhänge anbringen«, antwortet der Dekorateur sachlich und besteigt seine Leiter.

»Was anbringen? Was für Vorhänge? Hauen Sie ab! Warum haben Sie die nicht vorher aufgehängt?«

»Weil ich den Stoff nicht vorher gekriegt habe«, erwidert die technische Kraft auf der Stehleiter, aber da ist der Regisseur schon auf die Bühne gestürzt, um ihn mitsamt der Leiter herunterzuschleudern, zu würgen, zu erdrosseln, zu zerstampfen oder dergleichen.

Der anwesende Autor hält sich Augen und Ohren zu. Endlich ist der Krawall da, der wilde, dröhnende, tolle Radau einer richtigen Generalprobe, der schon seit frühmorgens gegärt hat und rauswollte, ein Krach, so fiebrig, wütend und ungerecht wie die Welt und notwendig wie ein Gewitter in der Natur, ein Krawall, der alle Anwesenden packt, den Autor und die Schauspieler, das technische Personal und den tobenden Regisseur, mit dunkler, verzweifelter Wut, mit Müdigkeit, Unlust, mit einer tiefen Sehnsucht, jetzt draußen zu sein, ganz weit weg von diesem verdammten, chaotischen Theater – genau die richtige Stimmung für eine Generalprobe.

Irgendwann kehrt der Regisseur auf seinen Platz im Zuschauerraum zurück, um zehn Jahre gealtert, ermattet, übel gelaunt und von allen gehasst. »Also fangen wir an«, sagt er widerwillig.

»Klara, mir ist etwas Unerwartetes zugestoßen«, leiert der Held wie mit zugeschnürter Kehle.

»Was ist dir zugestoßen?«, flüstert Klara tonlos.

Erschöpft, schwerfällig und freudlos wälzt sich die Generalprobe dahin.

»Falsch«, stöhnt der Regisseur. »Zurück! Sie müssen schneller kommen!«

Die Müdigkeit übermannt die Schauspieler, die Beine zittern, die Stimme bleibt ihnen in der Kehle stecken, das Gedächtnis versagt seinen Dienst; wird das denn niemals enden?

»Falsch«, unterbricht der Regisseur. »Zurück! Sie verdecken Ihren Partner!«

Oh, wenn doch endlich Schluss wäre; man spielt geradezu mit zusammengebissenen Zähnen, der Text wird heruntergehaspelt, der Regisseur möchte am liebsten nochmals unterbrechen, aber er winkt machtlos ab und wischt sich den kalten Schweiß von der Stirn. Schluss.

Wortlos verdrücken sich die Schauspieler aus dem Theater. Bei der plötzlichen Konfrontation mit frischer Luft geraten sie fast ins Taumeln. Gesenkten Hauptes schleicht sich der Autor nach Hause, auf seinen Schultern lastet die Müdigkeit und Niedergeschlagenheit aller Beteiligten. Morgen ist Premiere. Na, jetzt ist auch schon alles egal.

Und trotzdem werdet ihr euch wieder auf die nächste Generalprobe freuen, ihr Autoren, ihr Schauspieler, Regisseure, Bühnenmeister, Perückenmacher und Ankleidefrauen; es ist ein langer und trostloser Tag, schwer wie ein Mühlstein und zermürbend; aber vielleicht werdet ihr euch gerade deshalb auf ihn freuen, weil er so ganz und gar erschlagend ist.

Die Bühnenausstattung

In aller Ausführlichkeit wurde hier bereits dargelegt, was geschieht, wenn ein Autor ein Stück schreibt und beim Theater einreicht; wie es bei der ersten Leseprobe zugeht, bei den Stellproben und schließlich bei der Generalprobe. In bewegender Weise wurde geschildert, was der Autor während des Prozesses durchlebt und mitmacht, in dem sein Wort endlich theatralische Gestalt annimmt. Wir sahen Autor und Stück und durften erleben, wie dies Stück zur Achse wird, um die der gesamte Theaterbetrieb kreist. Wir haben beobachtet, wie sich alles zähneknirschend, im scheinbaren Durcheinander und im ärgsten Tumult in den Dienst des hehren Musengeists stellt, dem der Autor mit seinem Stück Ausdruck verliehen hat. Zugleich aber konnten wir sehen, wie sich der Autor an dieser Stelle trotz seiner Unersetzbarkeit (denn wer sonst als ein Autor könnte ein Theaterstück schreiben?) vollkommen

überflüssig und ganz und gar einsam und verlassen vorkommt. Denn von der gesamten Hetzjagd und allem Radau, die hier entfesselt werden, ist er allein ausgenommen; seine physische Person wird hier weder mit Scheinwerfern noch mit Lichtgräben beleuchtet, braucht mit keiner Leiste ergänzt oder befestigt und nicht mit Leimfarben oder Beizen gestrichen zu werden, ihn braucht man mit keiner Draperie zu behängen noch mit Rasen zu bedecken.

An seine zittrige Gestalt müssen keine Theatertreppen gestellt oder Türen geschraubt werden. Sicherlich würde er sich alldem im Interesse des Stückes nur allzu gern unterziehen, aber es ist nun mal so, dass mit ihm rein gar nichts geschieht, während er bewegungslos dem Tumult zuschaut, den er heraufbeschworen hat, indem er Theaterautor geworden ist. Und so fühlt er sich hier ganz und gar überflüssig und im Wege, weicht den Dekorateuren aus, die einen Tisch herbeischleppen, und wird von den Kulissenarbeitern angerempelt, die sich mit einer Wand abquälen. Schuldbewusst geistert er durch die Theaterräume und kann sich nirgends nützlich erweisen; gern möchte er dem Regisseur etwas sagen, aber der Regisseur hat keine Zeit für ihn, und in den Garderoben erzählen sich die Schauspieler vom Angeln, von Darmkoliken und davon, wie jemand vor dreißig Jahren in Breslau den Hamlet gespielt und früher der und der geheißen hat. Und daran beteiligt sich der Autor, um den heldenhaften Nachweis zu erbringen, dass ihn das Lampenfieber und die Angst um sein Stück nicht völlig untergekriegt haben.

So sieht es also in Wirklichkeit aus. Bei alledem und mehr noch, als er geahnt hatte, wird der Autor zu einer höchst überflüssigen Person. Sein Werk liegt gänzlich auf fremden Schultern. Der Regisseur hat sein eigenes Konzept im Kopf und empfindet es als störend, dass der Autor ihm mit seinem Stück im Grunde dazwischenfunkt. Der Regisseur will ein schönes Stück aufführen, das der Autor jedoch, der da absolut unangebracht und hinderlich mit seinem Text einfällt, vielfach schwer gefährdet. Und da wäre das beste Theaterstück eigentlich eins, das keinen Autor, keinen Text und womöglich nicht einmal Schauspieler hätte, denn all das sind Faktoren, die den Regieerfolg beeinträchtigen könnten. Die schöpferische Arbeit des Regisseurs ist demnach eine äußerst schwierige und tragische Angelegenheit, denn der Regisseur strebt ständig nach etwas Besserem als dem, was hier geschrieben, gespielt und inszeniert worden ist. Der Regisseur steht also gleichsam unter dem Fluch, sein Leben lang aus Sand Stricke zu flechten, aber das lässt er sich nicht anmerken.

Aus seiner Erhabenheit heraus sichert sich der Regisseur die Mitarbeit des Bühnenbildners, denn ohne Kulissen, Vorhänge und Kostüme gibt es kein Theater. Auch dem Bühnenbildner sind durch die Vorgaben des Autors die Hände arg gebunden.

Es würde ihm gewiss eine diebische Freude bereiten, den Eiffelturm mit dem Vesuv im Hintergrund oder eine kubistische Polarlandschaft auf die Bühne zu stellen oder nie gesehene Konstruktionen hervorzuzaubern, Karussells, Rutschbahnen, Leuchttürme und Hängebrücken. Aber der Autor verlangt die ärmlich eingerichtete Stube der Witwe Himmelstein oder ein einfaches bürgerliches Wohnzimmer. Manchmal kommt der Autor dem

Regisseur und dem Bühnenbildner aber auch entgegen und gibt ihnen mit verschiedenen Hinweisen Gelegenheiten von etwa der Art: in der Mitte eine Tür, rechts eine Balkontür, links noch eine Tür zum Schlafzimmer und am Fenster natürlich ein Käfig mit einem Kanarienvogel.

Es gibt allerdings auch andere Autoren, die, von den Vorstellungen der malerischsten Effekte verlockt, eine Reihe prachtvoller Verwandlungen vorschreiben, wo sich dann innerhalb von Sekunden ein Urwald in einen Königspalast verwandeln soll, der Palast zum Dorfwirtshaus wird und das Wirtshaus wiederum zu einer Felsenschlucht, wodurch sie dem Regisseur, dem Bühnenbildner und dem Bühnenmeister Kopfzerbrechen darüber bereiten, wie sich das unter den gegebenen Bedingungen mit allen Praktikabeln, Plastiken und Versenkungen in Minutenschnelle bewerkstelligen lässt. Der Bühnenbildner liest also das Stück, ohne groß auf seine sprachliche Schönheit zu achten; ihn interessiert vor allem, wo diese und jene Tür zu sein hat und nach welchen sperrigen Möbelstücken der Autor verlangt, um die Sache dann nach Rücksprache mit dem Regisseur doch ganz anders zu machen. Worauf der Autor überrascht erklärt, dass er sich das alles haargenau so vorgestellt habe. Das ist eben das Besondere am Theater: dass die Dinge in der Regel immer anders ausfallen, als man sie sich am Anfang vorgestellt hat. Wenn zum Beispiel die Dekorationen auf die Bühne kommen, ist in der Regel der Bühnenbildner verwundert, dass die einzelnen Stücke höher, breiter, kürzer oder kleiner, immer aber anders sind, als er sie sich gedacht hatte, und auch der Regisseur ist erstaunt, dass das Bühnenbild ganz anders aussieht, als er es sich bei der Auftragsvergabe vorgestellt hat. Es bleibt nichts anderes übrig, als sich damit abzufinden, und so ist es höchst sonderbar, dass, je schlimmer das Bühnenbild ausfällt, Kritik und Publikum umso einhelliger der Meinung sind, dass es gerade diesmal besonders gut geraten und gelungen sei.

Der Bühnenbildner macht also die Entwürfe für die Bühneneinrichtung und bringt sie dem Regisseur, worauf beide darüber mit dem Bühneninspektor beraten. Der Inspektor ringt verzweifelt die Hände und erklärt kategorisch, das sei absolut unmöglich, weil die Tischlerei und die Malerwerkstatt überhaupt keine Zeit hätten und hierfür reinste Wunder vollbringen müssten. Schließlich lässt er sich erweichen, und in der Tischlerei und

im Malsaal beginnt man, Wunder zu vollbringen, obwohl man dafür eigentlich überhaupt keine Zeit hat. Latte wird an Latte gefügt, und schon entstehen die Umrisse von Wäldern und Felsen. In der Malerwerkstatt entwickelt sich ein penetranter Leimgeruch, und verdiente Männer, seit über dreißig Jahren am Theater, machen sich mit Fez auf dem Kopf und Stumpen zwischen den Zäh-

nen ans Malen. »Wieder so was Kubistisches«, brummelt so ein alter Hase, »wenn Raffael uns so sehen könnte!« Ja, heute geht es anders zu als vor dreißig Jahren, wo der Malsaal fast so was war wie die Akademie der schönen Künste, wo man einen piekfeinen »Baumschlag« auf herrlich durchgearbeiteten Panoramaprospekten abzuliefern pflegte. Heute gießt man die Farben direkt aus dem Topf auf die Leinwand, damit es schneller geht, und verschmiert sie mit dem Besen, und – siehe da –

auf der Bühne entsteht daraus wie durch Zauberhand der herrlichste Brokat oder ein schattiger Forst. Mit Siebenmeilenstiefeln ist die Moderne auch hier hereingeplatzt, und die ehemalige Feinarbeit ist dahin. Heute wird auf der Bühne mehr mit Licht gemalt; von den alten Meistern im Theatermalsaal wird heute eher Quantität als die alte künstlerische Handfertigkeit verlangt, und mit der neuen Technik hat man sich hier noch nicht so recht angefreundet.

Zeitgleich mit dem Malsaal stürzen sich Schneider und Perückenmacher in die Arbeit. Das sind allesamt ehrgeizige Leute, denn gemäß dem Motto »Kleider machen Leute« ist die Gewandabteilung überzeugt, dass sie den Schauspieler macht. »So tief kann ich die Taille bei Herrn Hörbiger aber nicht ansetzen«, sagt der Gewandmeister zum Kostümbildner, dem bei seinem Entwurf die Proportionen ein wenig aus den Fugen geraten sind. Hocherfreut über das gelungene Werk werden hier die unmöglichsten Ziehharmonikahosen, Blähbäuche und -gesäße, viel zu kurze und zu lange, viel zu enge und unerhört weite Röcke genäht, je nachdem, wie es die Figur verlangt. Größter schneiderischer Erfindergeist und oberste Kunst werden hier aufgeboten, damit die Kleider so miserabel wie möglich sitzen, wenn es die Komik des Stückes verlangt. Hier macht man aus Futterstoff Seide und aus Sackleinwand Brokat, alte Uniformröcke werden umgenäht zu Adelsfräcken oder Diener-Livreen für irgendeinen Shakespeare oder Molière.

Und wird ein Stück ganz oder zum Teil »aus alt« ausgestattet, dann ist der Gewandmeister begeistert, wenn er dem Kostümbildner für ein Stück von Shaw Hosen anbieten kann, in denen damals bereits Herr Steinrück in einem Sudermann aufgetreten ist. Denn im Kostümfundus herrscht besonderer Mangel an sogenanntem Zivil oder zeitgenössischer Tracht. Todsicher findet man hier fünfzig Engel, zehn indische Radschas, eine Mandel Ritter aus der Zeit Friedrich Barbarossas, hundert Mandarine oder römische Zenturionen, dafür aber – sagen wir mal – keine einzige moderne helle Hose, sodass nichts anderes übrig bleibt, als sich mit einer alten Gardeoffiziershose zu begnügen, in der normalerweise Eugen Onegin auftritt. Nichts bereitet einem Theatergarderobier so viel Freude wie ein altes Garderobestück, das auf den Ruhm einer Vielzahl von Aufführungen zurückblickt, in denen es mit Erfolg am Leib berühmter Mimen gespielt hat, die ruhmreiche Theatergeschichte bilden.

Bei der Premiere drängt sich die Gewandabteilung zwischen den Kulissen, und der Herr Meister hängt mit seinen Blicken an jeder Bewegung des Tragöden. Ein furchtbarer Konflikt entspinnt sich auf der Bühne, niemand weiß, ob er nicht in einem Selbstmord oder Massenmord enden wird; der Tragöde wird vom Intriganten bedroht, die Unschuld leidet, der Tragöde spielt wie ein Gott, er legt die Hand aufs Herz, spricht in herrlichsten Versen, setzt sich, steht auf, zückt das Schwert, sinkt zu Boden, stirbt oder siegt und besteigt den Thron oder nimmt schließlich nach allen Widernissen die erste Geliebte zur Frau – der Gewandmeister verfolgt jede Regung, verpasst keine Geste, und während das Publikum vor Rührung oder Lachen weint und begeisterter Applaus durch den Zuschauerraum schallt, flüstert er in tiefster Er-

griffenheit: »Wie schön die Kleider von Herrn XY spielen!« Ist er doch aufopferungsvoll durch die halbe Stadt gelaufen, um einen Flanell von einer ganz bestimmten Nuance zu finden, hat die Brust mit geradezu bildhauermäßiger Kunstfertigkeit wattiert und sich den abstehenden Rockschößen mit einem Erfindungsgeist gewidmet, der eines Ingenieurs würdig wäre.

Und vergessen wir nicht den Maskenbildner. Seine Werkstatt, in den tiefsten Eingeweiden des Theaters verborgen, ähnelt einer melanesischen Menschenfresserhöhle oder einem Indianerwigwam. Hier liegen lockige, langhaarige, schwarze, rostrote, ergraute und silberweiße Skalpe neben einem blonden Mädchenschopf und Glatzen aller Arten herum. Auf den Tischen stehen Köpfe auf ihre Hälse gestellt wie auf Sockeln, abgeschlagene Häupter und daneben allerhand Nasen, die Spitznasen von Dummköpfen, Säuferknollen, Adlernasen von Rittern und Intriganten, zottlige Augenbrauen, Bärtchen und Bärte aller Art, Schnurrbärte von Knechten und Förstern, Vollbärte von Banditen, Heldenvätern und Mönchen, Bärte und Frisuren jeglicher Fülle und Farbe, jede erdenkliche Haar- und Barttracht des Menschengeschlechtes. Und dazu noch Schminken, mit denen man das frische Lippenrot hervorzaubert, jene rote Begehrlichkeit der Lippen der schönen Geliebten, von der der Student und das Dienstmädchen auf der zweiten Galerie so schwärmen, dazu noch Puder und Rouge, die jenen bezwingenden Liebreiz der Wangen schaffen; und das Schwarz zur Betonung der Augen, die so brunnentief und

feurig sind, dass man ihretwegen schier den Verstand verliert.

Da gibt es helle Schminke für lieblich zarte Erscheinungen und dunkle für Wilderer, Zigeunerinnen und den römischen Plebs. Hier ist alles, was, auf das Gesicht des Schauspielers gekleistert und verrieben, aus der Nähe betrachtet so abstoßend, schmutzig und speckig aussieht, dass der Zuschauer es auf seinem behaglichen Plüschsitz kaum glauben würde. Aller Theaterschwindel kommt hier ans Licht, jener Schwindel, der erst beim zündenden Kontakt mit dem Publikum verfliegt. Bei den Proben, auf der Generalprobe und auch bei der Premiere hinter den Kulissen sieht es furchterregend aus. Erst wenn das Licht im Saal ausgeht, der Vorhang sich hebt und das Publikum zuschaut, verflüchtigt sich vor seinen Augen der Schwindel, tritt in den Hintergrund und verschwindet, um der Wahrheit und Schönheit des Theaterspektakels Platz zu machen, um die schlicht bemalte Kulisse zur beeindruckenden Landschaft, Blech zu Gold, den Hanf zum Barte des Propheten werden zu lassen und die karminrote Schminke zu betörenden Lippen, um deren Kuss die Helden auf der Bühne einander erschlagen. Aus der Nähe betrachtet ein so plumpes und unvollkommenes Werk. Und doch: Wenn es gelingt, tritt die Illusion daraus hervor; und wenn es besonders gelingt, bleibt sie bis zum Ende und begleitet den Zuschauer bis nach Hause und womöglich noch weit darüber hinaus.

Die Premiere

Aber kehren wir zum weiteren Verlauf der Dinge zurück. Die Premiere ist jener fatale Augenblick, in dem das Theaterstück zum Ereignis wird. Noch bis zur letzten Probe konnte an der Sache etwas geändert oder gerettet werden, es war noch immer ein Werk in Arbeit, eine in Entstehung begriffene Welt, ein aus dem Chaos geborener Stern. Die

Premiere ist der verzweifelte Entschluss, die Sache endlich sich selbst zu überlassen, geschehe, was da wolle. Es ist jener Augenblick, da der Autor und der Regisseur die Sache endgültig in andere Hände legen, ohne selbst noch einmal helfend eingreifen zu können. Weder Autor noch Regisseur erfahren jemals im Leben die Befriedigung, nun, sagen wir, eines Tischlermeisters, der den fertiggestellten Tisch gründlich trocknen lassen kann, dann mit kundigem Daumen über die Kanten und Ritzen fährt, mit der flachen Hand über die Platte wischt, sie ein bisschen beklopft, die ganze Sache noch mal gründlich mustert und sagt: »Na, der is' richtig.«

Ach, gäbe es doch nur eine einzige weitere Probe!

Am Morgen vor der Premiere ist der letzte Durchgang, die Durchsprechprobe. Die Schauspieler schnarren ihre Rollen rasch herunter, betonungslos und fast flüsternd, damit sie sich vor dem Abend nicht noch verausgaben. Sie leiern den Text, als hätten sie Sand zwischen den Zähnen, wortkarg und verschreckt, als gäbe es eine Leiche im Haus. Aus den Tiefen des Theaters kriecht ein starres, nebeliges Schweigen hervor. Jetzt ist nichts mehr zu machen. Das ist der Anfang vom Ende.

Premieren haben bekanntlich ihr Stammpublikum. Es gibt Menschen, die überhaupt nur zu Premieren gehen. Man sagt, sie tun dies aus leidenschaftlicher Theaterbegeisterung oder aus Neugier oder Snobismus oder der Kleider wegen oder wegen der Bekannten – was weiß ich; meiner Ansicht nach gehen sie aus unbewusster und perverser Grausamkeit hin. Sie gehen hin, um sich genüsslich am Lampenfieber der Schauspieler zu weiden, an den Qualen des Autors und der Agonie des Regisseurs, sie kommen, um sich blutrünstig an der furchtbaren Situation auf der Bühne zu berauschen, wo jeden Augenblick etwas schiefgehen, irgendwas querlaufen kann – und alles ist im Eimer. Zu Premieren geht man, wie man im alten Rom in die Arena zu den Raubtierkämpfen oder zum Martyrium der Christen ging. Es ist ein merkwürdiger Genuss an der Qual und Aufregung der Geopferten.

In dem Augenblick, wo sich das Premierenpublikum geräuschvoll und wohlwollend schwatzend in der erleuchteten Arena auf seine Plätze begibt, läuft der Autor mit einem sonderbaren und unerträglichen Druck in der Magengrube ums Theater herum, die bereits geschminkten Schauspieler

gucken durch das Loch im Vorhang in den Zuschauerraum, leiden infolge der Premierenpanik an Darmkatarrh und Brechreiz und toben in den Garderoben, sie hätten eine falsche Perücke bekommen, oder ihr Kostüm lasse sich nicht zuknöpfen. Die Garderobiers und Ankleidefrauen rennen von einer Garderobe zur anderen, denn in jeder fehlt etwas, der Regisseur läuft fauchend und stöhnend auf der Bühne auf und ab, weil das letzte Dekorationsstück für den ersten Akt noch nicht aus der Werkstatt geliefert wurde; wütend wehrt er die Beschwerden der Schauspieler ab und schleppt Stühle auf die Bühne, der Gewandmeister rast mit irgendwelchen Kleidern in die Schneiderei, der Inspizient klingelt zum letzten Mal in die Garderoben, in den Kassenvorraum und ins Foyer, die Feuerwehrleute sind auf ihren Plätzen, noch einmal entfesselt sich ein hässlicher Streit zwischen dem Requisiteur und dem Dekorateur, und endlich – drei Minuten vor acht – trifft das letzte Dekorationsstück auf der Bühne ein.

Oh, könntet ihr, die ihr in diesem Augenblick im summenden Zuschauerraum sitzt, auf die Uhr seht und sagt: »Na, eigentlich könnten sie jetzt anfangen« – könntet ihr in diesem Augenblick das Ohr an den Vorhang halten, ihr würdet Hammerschläge hören und atemlose Stimmen:

»Wo soll das hin?«

»Doch nicht hierher, du Rindvieh.«

»Anschrauben muss man das.«

»Da muss ein Klotz drunter.«

»Was wollt ihr hier?«

»Jessasmariaundjosef, schnell!«

»Achtung, die Kulisse kippt um!«
»Muss man halt morgen reparieren.«
»Und was ist mit dem Zeug da?«
»Runter, runter! Tempo, Tempo!«
»Jetzt macht schon, Leute, Himmeldonnerwetter ...«

Pling! Das erste Zeichen für den Vorhang. Im Zuschauerraum wird es dunkel und still. Man hört ein paar letzte Hammerschläge, das Schleifen eines schweren Möbelstücks und aufgeregte Rufe:

»Jetzt verschwindet doch endlich.«
»Sägt die Latte halt ab.«
»Lasst es bleiben und trollt euch.«
»Los, zieh sie ran. Aber fix.«

Pling. Der Vorhang hebt sich hinter den Fersen des letzten Arbeiters, die beleuchtete Bühne zerreißt das Dunkel, Klara steht auf der Szene und bekreuzigt sich noch rasch.

Ihr Partner (auf seiner Stirn perlt vor Aufregung noch kalter Schweiß, aber das sieht man im Zuschauerraum nicht) tritt ein und wirft den Hut statt auf den Tisch auf einen Sessel. »Guten Morgen, Klara!«, ruft er dröhnend und zuckt zusammen. Großer Gott, ich hätte doch beginnen sollen mit: Klara, mir ist etwas Unerwartetes zugestoßen.

Klara ist starr vor Schreck: Sie hat ihr Stichwort nicht bekommen. »Guten Morgen«, extemporiert sie verhalten.

»... mir ist etwas Unerwartetes zugestoßen«, zischelt der Souffleur. Der Schauspieler sucht verzweifelt einen Übergang zu dem, was er eigentlich hätte sagen sollen, er erinnert sich, dass es dem Autor zufolge gar nicht Morgen, sondern später Nachmittag ist.

»Fang schon an«, zischt Klara vernichtet.

»Hm – ja –«, probiert der Schauspieler, »stell dir nur vor – Klara – ja – also –«

»Ist dir vielleicht etwas Unerwartetes zugestoßen?«, hilft ihm Klara kurz entschlossen.

»Ja«, fällt der Partner erleichtert ein, »stell dir bloß vor, Klara, mir ist etwas Unerwartetes zugestoßen.«

»Und was ist dir zugestoßen?«, greift Klara den Text auf. Aus der Loge des Autors hört man nach bangen Minuten der Todesangst einen Seufzer der Erleichterung. Die Situation ist gerettet, aber im ersten Moment hielt der Autor krampfhaft die Brüstung umklammert, kurz davor, ins Parterre zu springen und zu schreien: »Halt, aufhören. So geht es nicht! Noch mal von vorn!« Nun beruhigt er sich langsam, und auf der Bühne läuft der Dialog wie geschmiert. In Kürze muss Klara auf einen Sessel sinken, als schwände ihr der Boden unter den Füßen, aber, du lieber Gott, da hat dieser Tollpatsch von Partner doch glatt seinen Hut auf den Stuhl statt auf den Tisch gelegt. Jetzt haben wir die Bescherung, gleich wird sich Klara bestürzt auf den Hut ihres Gatten setzen, der ganze Akt ist geschmissen. Gott im Himmel, wie lässt sich das verhindern? Der Autor kriegt vor Angst feuchte Hände, er hört nichts und sieht nichts als den verdammten Hut auf dem Stuhl, der Augenblick der Katastrophe rückt langsam, aber unabwendbar heran. Wenn doch jetzt eine Panik im Theater ausbräche! Wie wärs, wenn er plötzlich »Feuer« schreien würde?

Da fällt wie ein Blitz das Stichwort, jetzt setzt sich die Klara auf den verfluchten Hut – Oh, diese göttlich geistesgegenwärtige Klara! Nimmt einfach den Hut und lässt sich erst dann auf den Stuhl fallen! Nur hält sie jetzt den unseligen Hut in der Hand, was stellt sie wohl damit an? Will sie ihn etwa in der Hand behalten, bis der Akt zu Ende ist? Warum legt sie ihn nicht auf den Tisch? Na, bitte! Endlich wird sie ihn los, sie legt ihn auf den Tisch, aber dermaßen ungeschickt, so schrecklich auffällig ...

Der Autor sieht sich im Publikum um, überall nur hustende und schnupfende Gestalten; anscheinend hat niemand die Hutkatastrophe bemerkt. Er wendet sich wieder der Bühne zu. Ja, was ist denn los, ist der Dialog immer noch nicht weiter? Weshalb dauert das bloß so ewig? Den Autor durchströmt es siedend heiß; ist es vielleicht zu lang geraten? Du lieber Gott, wie endlos sich das hinschleppt, ohne dass auch nur irgendwas passiert. Dem Autor bricht der Angstschweiß aus. Hier hätte ich streichen sollen, das da ist schwach und schlecht, unbrauchbar, blöde, sinnlos … Und warum legen die nicht endlich einen Zahn zu? Das Beste wäre, aufzustehen und zu rufen: »Ich muss noch was streichen! Bitte haben Sie noch einen kleinen Moment Geduld!«

Gott sei Dank, das wäre geschafft. Jetzt kommt der wichtigste Teil der Exposition, die Schlüsselszene, ein kurzer und spannender Dialog von drei Seiten und dann … Rums! Der Autor erstarrt vor

Entsetzen: Katja ist auf die Bühne geplatzt, Katja, die erst in fünf Minuten, genau nach den drei Seiten dran gewesen wäre – Um Gottes willen, was nun? Vorhang, Vorhang!, will der Autor schreien, aber die Angst schnürt ihm die Kehle zu. Die beiden Schauspieler auf der Bühne stehen ebenfalls da wie angewurzelt, aber da zwitschert Katja bereits ihren Text herunter, und die anderen fallen aufatmend ein. Drei Seiten sind übersprungen, die Schlüsselszene ist unter den Tisch gefallen, so wird jetzt kein Mensch das Stück mehr verstehen, niemand wissen, worum es eigentlich geht, alle Motive sind zum Teufel, der Aufbau futsch. Heiliger Himmel, ohne die drei Seiten ist das ganze Stück doch bloß ein einziger zusammenhangloser Unsinn. Was hat diese Katja da angerichtet? Wieso hat der Inspizient sie nur so früh auf die Bühne gelassen? Gleich wird das Publikum den zusammenhanglosen Unsinn der Handlung bemerken und zu pfeifen beginnen. Sieht doch jedes Kind, dass die Sache so weder Hand noch Fuß hat; warum bricht der Regisseur die Vorstellung nicht ab? Der Autor schaut rasch um sich, um zu sehen, ob sich nicht im Publikum bereits Protest breitmacht. Aber das Publikum schnäuzt sich seelenruhig, räuspert sich, und hin und wieder läuft eine Lachwelle durchs Theater, Katja kommt offenbar an. Wahrscheinlich wird man erst am Ende des Aktes pfeifen und zischen. Der Autor möchte am liebsten in die Erde versinken, er flieht aus der Loge und stürzt sich hinter die Kulissen, vielleicht um wie der legendäre Kirchenbaumeister das Gebäude anzuzünden. Nie wieder wird er auch nur irgendjemandem unter die Augen treten können, denkt er verzweifelt. Er hat sich in irgendeiner Garderobe versteckt, wo er, dem Zusammenbruch nah, sein Haupt in den Händen verbirgt. So ist denn nun alles, alles verloren.

Und nach einer schier nicht enden wollenden Spanne Zeit, mindestens ein paar Stunden oder so, hebt er den Kopf: Was ist denn da los? Das ist ja, als plätschere irgendwo Wasser auf Steinfliesen, es strömt rauschend und schäumt in der Ferne, schwillt an und – Pling! Das Rauschen des Wassers wird mit einem Mal stärker, wird zum Dröhnen, jemand stürzt in die Garderobe: »Da ist ja der Herr Autor«, jemand schnappt ihn bei der Hand und zieht ihn im Trab hinter sich her, von allen Seiten zerren und stoßen ihn irgendwelche Hände, er wird geschleppt und geschleift, er stolpert, er wankt, er sieht und begreift nicht, er wehrt sich, schlägt aus,

aber der schnaufende Haufe entführt ihn irgendwohin, stößt ihn, und schwupp! landet der Autor wie aus einer Kanone geschossen auf der Bühne. Katja und Klara fassen ihn mit feuchten Fingern an den Händen und zerren ihn zur Rampe, unten plätschert es wie ein Wasserfall von lauter Hydranten; der Autor sieht ringsum Tausende von Kullerbällen mit Menschenaugen schwimmen, bemüht sich um ein idiotisches Lächeln und knickt ein paar Mal hintereinander in der Mitte ein wie zerbrochen.

Der Vorhang fällt, das Wasserrauschen entfernt sich, der Vorhang geht wieder hoch, der Autor streckt rasch die Hände nach Klara und Katja aus, aber jetzt ist er mutterseelenallein auf der Bühne, ausgestoßen und Tausenden von Augen ausgeliefert, er verneigt sich, und dabei kommt ihm mit Entsetzen zu Bewusstsein, dass er hier, wie eine Marionette, auf lächerlichste Art eine Verbeugung nach der anderen abreißt, aber er kann nicht anders. Er verbeugt sich nach links und nach rechts, nach oben und unten, weicht ein paar Schritte zurück, Bekannte und Unbekannte in den Kulissen schütteln ihn wild mit verschwitzten Händen unter lauter: »Gratuliere, gratuliere!« Der Vorhang geht nochmals in die Höhe, der Autor gerät erneut auf die Bühne, er weiß selbst nicht, wie, und öffnet die Arme weit gegen die Kulissen: Nicht ihm – woher denn –, den Schauspielern gebührt der Applaus, aber wenn sie unbedingt wollen, meinetwegen, noch eine und noch eine Verbeugung, welche Freude, nein, so ein unverdienter Erfolg – Uff! Endlich wankt der Autor hinter die Kulissen, schlaff wie ein Lappen, verlassen und wieder vollkommen überflüssig, während die Kulissenarbeiter die Zimmerwände zerlegen, »Achtung!«, da einen

Ständer herbeitragen oder Möbel schleppen und etwas festnageln; nun ja, überall steht man im Weg. »Macht schon, ein bisschen dalli!«, brüllt der Regisseur, und der Autor fällt ihm in die Arme: »Herr Regisseur, wunderbar, ist es nicht wunderbar gelaufen?«

»Na, solang nichts Schlimmeres passiert«, antwortet der Regisseur trocken.

»Und, was meinen Sie«, plappert der Autor begeistert und packt den Regisseur an einem Knopf, »könnte sich Klara nicht am Anfang auf den Hut setzen? Ich glaube, da würden die Leute lachen.«

»An dieser Stelle gibt es nichts zu lachen«, meint der Regisseur. »Ein bisschen Dampf, verflucht, damit wir nicht um elf noch hier hocken!«

Der überflüssige Autor eilt, den Schauspielern zu danken, der Held verzehrt gerade sein Abendbrot und wehrt des Autors Dank bescheiden ab: »Ach was, ist doch gar nichts, die Rolle.« Mit Klara ist nicht gut reden, weil sie ihr Kleid an einem Nagel zerrissen hat. Katja heult in ihrer Garderobe vor Zorn, denn der Regisseur hat sie furchtbar ausgeschimpft. »Kann ich denn dafür«, schluchzt sie herzzerreißend, »dass da zweimal das gleiche Stichwort steht? Wenn Klara ›Niemals‹ sagt, soll ich auf die Bühne kommen. Aber ich kann doch nicht dafür, dass es dort zweimal steht!« Der Autor versucht, sie zu trösten, aber Katja weint desto bitterlicher: »Mich so ... auszuschimpfen ... und das bei der Premiere! ... Wie soll ... ich denn ... jetzt ... spielen!«

Der überflüssige Autor beruhigt sie edelmütig: »Aber Fräulein, kein Mensch hat gemerkt, dass da ein Stück Text fehlt!« Nun, in diesem Punkt hat der Autor mehr recht, als er ahnt. Tatsächlich hat niemand bemerkt, dass der erste Akt weder Hand noch Fuß hatte. Solche Kleinigkeiten übersieht man.

Der Vorhang hebt sich für den zweiten Akt; der Autor stolpert im dunklen Kulissenhintergrund über Kabel und Praktikabeln, stößt an den Horizont und stürzt beinahe in eine klaffende Versenkung hinein. Schließlich kommt er auf die Idee, das Stück hinter den Kulissen zu verfolgen. Aber hinter den Kulissen drängt sich Kopf an Kopf das ganze technische Personal; Schneider und Schneiderinnen, Maschinisten, Ankleidefrauen, Männer in Kitteln, ihre Frauen und Tanten, dazu die Komparsen und deren Cousinen und Bekannte ihrer Cousinen und allerhand zweifelhafte Habitués sehen sich, hinter die Kulissen gedrückt, das Stück an, machen laut ihre Späße, tappen auf den knarrenden Brettern hin und her, essen, schimpfen, lassen Türen quietschen, streiten mit dem Inspizienten, stehen den Schauspielern im Weg und sorgen für allerhand Lärm und Unruhe – fehlt nur noch, dass sie die Nasen auf die Bühne stecken. Der überflüssige Autor drückt sich unter ihnen herum und stellt sich auf die Zehenspitzen; er möchte was vom Bühnengeschehen aufschnappen, aber stattdessen hört er, wie zwei Männer in blauen Kitteln sich Luft machen:

»Gott, ist das langweilig!«

»Das dauert ja ewig«, sagt der Zweite.

»Da komm' wir erst um elf heim!«

Rums! Hinter den Kulissen hat jemand einen eisernen Stuhl umgestoßen.

Unterdessen entspinnt sich auf der Bühne das Liebesduett.

Der überflüssige Autor entschleicht auf Zehenspitzen und lässt die Bretter gespenstisch knarren; er windet sich aus dem Labyrinth der Gänge heraus und entflieht an die Luft. Es ist Nacht, nur wenige Menschen schlendern durch die Straßen und denken an weiß Gott was, die Straßenbahnen klingeln, und fern surrt das Leben. Der nächtliche Frost und die Wehmut lassen den Autor erschauern. Er ist allein, allein wie niemals zuvor, und hinter ihm spielt sich der Tag seines Ruhmes ab.

Oh, dass es nur endlich vorbei wäre!

Nach der Premiere

Nach der Premiere befindet sich der Autor in vollkommener Ungewissheit, ob er auf ganzer Linie durchgefallen ist oder einen Riesenerfolg gehabt hat. Na schön, er ist auf die Bühne gerufen worden; aber vielleicht hat sich das Publikum nur einen Spaß erlaubt, oder es hatte Mitleid mit ihm oder so ... Ängstlich und voller Misstrauen prüft der Autor die Blicke und Worte seiner Bekannten!

»Jetzt sind Sie aber froh, nicht wahr?«
»Ich hätte den ersten Akt ein wenig zusammengestrichen.«
»Aber immerhin waren die Schauspieler gut.«
»Na, da gratulier ich aber.«
»Vielleicht ließe sich der dritte Akt noch kürzen?«
»Man hätte natürlich ganz anders spielen sollen.«
»Den Schluss würde ich anders anlegen.«
»Die Klara war einfach unmöglich.«
»Das Beste war halt der Schluss.«
»Der zweite Akt zieht sich ein bisschen.«
»Na, da können Sie doch ganz zufrieden sein.«
»Ich gönne es Ihnen von ganzem Herzen.«

Der Autor wabert in völliger Ungewissheit: War es nun ein Erfolg oder nicht? Und am nächsten Morgen kauft er sämtliche Zeitungen, um wenigstens aus der Kritik zu erfahren, wie die Sache nun eigentlich ausgefallen ist. Aus den Blättern erfährt er ungefähr Folgendes:

Dass sein Stück durchaus eine Handlung habe, nur erzählt jeder Kritiker sie anders.
Dass sein Stück:
1. Erfolg gehabt habe, 2. lau aufgenommen worden sei, dass 3. ein Teil des Publikums gezischt

habe und 4. der Erfolg herzlich und verdient gewesen sei.

Dass die Regie:

1. nichts zu tun hatte, 2. getan hat, was sie konnte, 3. nicht sorgfältig genug und 4. überaus sorgfältig war.

Dass gespielt wurde:

1. flott, 2. schleppend, 3. mit Begeisterung, aber 4. die Schauspieler ihre Rollen nicht beherrscht und 5. allesamt zum Erfolg des Stückes beigetragen haben.

Dass Klara:

1. wunderbar, 2. offenbar indisponiert war, 3. ihre Rolle nicht richtig erfasst, 4. die Rolle mit innigem Leben erfüllt habe, 5. blond, 6. schwarzhaarig gewesen sei. (Irgendwo liest er sogar, dass Fräulein Albach in der Rolle der Klara ausgezeichnet war, obzwar er doch mit Sicherheit weiß, dass Frau Neuern die Klara gespielt hat.)

Dass das Bühnenbild:

1. genau zum Stück gepasst und 2. überhaupt nicht dem Charakter des Stücks entsprochen hat.

Dass das Ensemble:

1. ausgezeichnet wie immer, aber 2. sehr dürftig war.

Aufgrund all dessen wird der Autor niemals erfahren, ob sein Stück wirklich ein Erfolg gewesen ist oder nicht.

Auch die Anzahl der Aufführungen beweist gar nichts, denn nach dem alten Theaterorakel gilt die Regel, dass ein Stück, das wenig Aufführungen hat, missraten ist und durchgefallen sei; werd es aber wieder und wieder aufgeführt, dann sei das ein sicheres Zeichen für Kitsch.

Dritter Teil

HINTER DER BÜHNE

Führer durch die Kulissenwelt

Im Lauf der bisherigen, ziemlich chaotischen Schilderung (die jedoch längst nicht an den galoppierenden Irrsinn der Theaterwirklichkeit heranreicht) haben wir eine ganze Reihe von Persönlichkeiten erwähnt, deren Existenz, Wesen, Gebräuche, Privilegien und Kompetenzen dem Publikum, künftigen Autoren und der Kritik vielleicht nicht recht klar geworden sind. Der Wunsch, den Leser wenigstens flüchtig mit ihnen bekannt zu machen, bringt uns in die Verlegenheit, an welchem Ende wir beginnen sollen: unten beim Portier oder oben in den Büros, beim Heizer oder beim Schauspielchef, beim Kassenschalter oder in den geheimnisvollen Gefilden des Theatermagazins? Wohlan, so lasset uns denn »da oben« beginnen. »Da oben« bedeutet im Theaterjargon: die Verwaltungsbüros; ein unterer Ausläufer dieses »da oben« ist die Buchhaltung, wo nach uralter Sitte (und Gesindeordnung) die Schauspieler ihre Gagen jeweils am Ersten und Vierzehnten bekommen, die Theaterangestellten jedoch nur am Ersten und das technische Personal jeden Samstag ausbezahlt wird. Und wenn wir schon einmal beim schnöden Mammon sind, muss ich verraten, dass dem Schauspieler neben der Gage auch sogenannte Zusatzhonorare zustehen: das Honorar für die Doppelvorstellung, die Taxe für Tanz und Gesang, einen Zuschlag fürs Einspringen und einen Sonderbonus für Nacktheit und Ganzkörperschminken, wovon in der Regel jedoch alles in allem niemand sonderlich reich wird. Ansonsten ist die Buchhaltung eine etwas düstere Örtlichkeit mit meist geschlossenem Schalterfenster. Hier werden auch die Vorschüsse ausgezahlt.

Die da oben

Die höchste Instanz des Theaterorganismus ist die geheimnisvolle Dreifaltigkeit: Intendant, Verwaltungsdirektor und Chefdramaturg.

Von dieser göttlichen Dreieinigkeit ist gewöhnlich der Chefdramaturg derjenige, dem es auferlegt ist, den Kalvarienberg zu ersteigen und fallweise gekreuzigt zu werden.

Der Verwaltungsdirektor ist jene Person, die wegen gravierender früherer Verfehlungen dazu verurteilt ist, sich pausenlos aufzuregen und mit sämtlichen Unannehmlichkeiten, Beschwerden und Kompetenzstreitereien herumzuplagen, zu wettern und Tränen zu trocknen, um Gagenerhöhungen zu zanken und Vorschüsse anzuweisen; seine Macht ist groß, aber vor allem interner Natur.

Was den Intendanten angeht, so ist dies ein einigermaßen unbegrenztes und mit gewissen höheren Geheimnissen umgebenes Amt. Die Räumlichkeiten, in denen diese Allmächtigen walten, sind mit Teppichen, Sesseln und anderem Luxus ausgestattet, der jedoch im Bedarfsfall auch in den gehobenen Salons auf der Bühne glänzen darf.

Es folgen einige niedere Würdenträger, die beim Titel eines Kontrolleurs oder Sekretärs beginnen und bei den sogenannten »Kräften« enden; die Kräfte sitzen am Telefon und hämmern hastig auf Schreibmaschinen ein, Rollen, Memoranden und Briefe abtippend. Das sieht eigentlich aus wie ein ganz normales, aber doch gleichsam verrückt gewordenes Büro, in dem es furchtbar hektisch und immer Hals über Kopf zugeht; aber das gehört nun mal zur Sache.

Das Amt des Dramaturgen (oder gegebenenfalls des Lektors) ist ein sehr stilles und wird in einem versteckten Kämmerchen ausgeübt; es ist eine Oase der Ruhe und tiefer, geradezu erfrischender Langeweile inmitten der turbulenten Theaterfabrik. Hierher kommen die bescheidenen Autoren (die minder bescheidenen belagern den Chefdramaturgen) und bringen ihre sorgfältig kopierten Stücke mit, die sie lang und breit erklären, kommen wieder und wieder, um nachzuhaken und um jeden Preis in Erfahrung zu bringen, wann man es denn endlich aufführen werde. Der Dramaturg, ein ruhiger und besonnener Mann, erwidert: »Es kommt schon noch dran.« Er wird allerdings nur von den Autoren ernst genommen; die Schauspieler begegnen ihm mit einer gewissen Geringschätzung, da sie ihn mit Recht für einen papiernen Patron halten. Ja, ums Himmels willen, das Theater ist doch keine Literatur!

Die Theaterboten gleichen den Redaktions- oder Ministerialboten; immerhin sind sie sehr literarisch, weil sie jeweils zum Ersten die Tantiemen an die Autoren überbringen.

Wie es scheint, habe ich die künstlerische und die wirtschaftliche Verwaltung zu einem Galimathias vermengt; aber so geht es nun mal zu beim Theater; der Verwaltungsdirektor behauptet, er tue alles für die Kunst, während der Dramaturg permanent die Kassenaspekte hervorhebt.

Nun aber steigen wir hinab.

Das Ensemble

Das Ensemble ist immer zu mehreren Exemplaren in den Garderoben zusammengepfercht; diese Garderoben sind kleine Löcher, dort gibt es einen Wandspiegel und einen Waschtisch, und entweder herrscht schreckliche Kälte oder eine furchtbare Hitze; außerdem liegen vor jedem Schauspieler ein

Handspiegel, eine Hasenpfote oder Puderquaste, Puder, Flakons, Vaseline, Abschminktücher, Rouge, Kajal, Butterbrotpapier, ein Rest Wurstsemmel und ein zerknautschtes Textbuch. Es riecht nach Menschenkörpern, hastigem Abendbrot, Schminke, Zentralheizung, alten Kostümen, Mastix und Perücken; in den Damengarderoben außerdem nach allerhand Seifen und Wäsche. In der größten Herrengarderobe wird pausenlos Karten gespielt; überhaupt geht es bei den Herren laut und lustig zu, hier wird so mancher Theaterulk ausgeheckt, hier werden Choräle gesungen, Kräfte gemessen, Erinnerungen ausgetauscht und andere derbe Vergnügungen gepflegt, während in den Damengarderoben eher eine misstrauische Flüsterstille herrscht, unterbrochen durch das Hin- und Hereilen der Garderobefrauen, das Zwacken der Brennscheren und das Rascheln der Küchenschaben; die halten sich nämlich an die Damengarderoben, weil dort Süßes genascht wird. Aus Gründen der Schicklichkeit wollen wir uns hier aber auf die Herrengarderobe konzentrieren; bewundern wir doch die ritterlichen Beinkleider und Wämser, die, dick wattiert, von den Kleiderhaken abstehen; prüfen wir lieber das Gewicht der Theaterschwerter und Helme mit

Federbüschen, und stehen wir vorzugshalber dem Garderobier im Weg, der einem halb nackten Helden die hohen Schaftstiefel anzieht, sowie dem Haarkünstler, der ihm rasch noch ein paar Löckchen in die Perücke brennt, und dem Schneider, der ihm die Taille fester schnürt, hocken wir uns auf sein Hemd und seine Kleider und tragen so zu dem allgemeinen Tohuwabohu bei, das zwischen dem ersten und dem dritten Klingelzeichen des Inspizienten in der Herrengarderobe ausbricht.

Das Schauspielensemble ist also unterteilt in einen Herren- und einen Damenbereich. Zum Herrenensemble gehören: der große Tragöde, ferner der jugendliche Liebhaber oder Held, der komische Liebhaber, der Bonvivant, von Berufs wegen ein eher kräftiger Typ, der Komiker, verschiedene Charakterdarsteller (der Vater, der Intrigant, der Neurastheniker, der Tyrann und so fort) und die Chargen bis hin zu den Kleinstrollen, den sogenannten Wurzen. Die Grenzen sind da nicht so genau abgesteckt; am seltensten sind der Tragöde und der Liebhaber – häufig entpuppt sich der frisch engagierte Liebhaber leider als Charakterdarsteller. Dem Damenensemble gehört die Tragödin oder Heldin an, die in großer Robe spielt, die erste Liebhaberin oder Lumpenkönigin (weil sie die meisten Kostüme braucht), die lyrische Liebhaberin (auch Heulsuse genannt), die Heldenmutter (Übername: Stinktier), die komische Alte, die weiblichen Charakterrollen, die Naive oder der Fratz und die Kammerjungfern, häufig als Plunzen bezeichnet. Auch hier sind die Grenzen nicht scharf umrissen; generell ist es so, dass die Rolle, die einem Schauspieler zugeteilt wird, nicht in sein Fach fällt, die Rolle, die ein anderer bekommen hat, ihm dagegen vollkommen auf den Leib geschneidert wäre. Daraus ergeben sich Rollenrückgaben und allerhand Theaterwehwehchen, mit denen man »nach oben« zu gehen pflegt. Als ob die da oben schuld dran wären, dass dieser hirnverbrannte Autor nur so kleine Rollen geschrieben hat. Und wenn schon eine kleine Rolle, dann soll er sie nicht auch noch durch alle Akte zerren; dann möge er das doch bitte schön im ersten Akt erledigen, und dann gehts ab nach Hause.

Gern würde ich dem Leser noch aus dem Leben der Schauspieler berichten und ihm ihr Vorleben, ihre Sorgen, Empfindlichkeiten und die Schwierigkeiten ihres Handwerks enthüllen, ihr Lampenfieber, ihren Aberglauben, ihre Liebe und ihren

Hass, ihre Späße und Nöte, ihre kurzen Freuden und die andauernde Kasteiung; doch leider schreibe ich keinen Roman über das Leben, sondern nur einen kurzen Theaterführer; weswegen ich mich denn auch nicht länger in den Garderoben zwischen angelehnten Kulissen, Scheinwerfern, Waffen und Theaterthronen herumdrücken will, sondern mich dem Volk beiderlei Geschlechts zuwende. Man nennt es Komparserie oder Statisten.

Die Statisten

Schreibt der Autor in seinem Stück »Volk«, so stellt er sich eine Menge älterer und jüngerer Individuen vor, feiste, breitschultrige, mit kräftigen Armen, Stiernacken und mächtigen Stimmen, wie das Volk eben nun mal so ist; meist ist er dann mächtig enttäuscht, wenn er auf der Bühne ein Häuflein schmalbrüstiger, dünnstimmiger und mehr oder weniger ausgemergelter Wesen ausmacht, denen weder die rechte volkstümliche Körperlichkeit noch das entsprechende Lebendgewicht zuteilgeworden ist. Es handelt sich nämlich um Studenten, das Stück zu einer Mark; für eine Mark kann ein Mensch weder hünenhaft noch breitschultrig noch pausbäckig sein.

Weil ihnen der Regisseur aus den Kulissen zuzischt: »Himmelherrgott noch mal, ein bisschen Bewegung«, bewegen sie sich ein bisschen, schaukeln ihren Rumpf hin und her und rempeln sich an, um den Anschein zu erwecken, sie seien tatsächlich lebendig.

Es gibt allerdings auch ständige Komparsen, die sich mit einem gewissen Ehrgeiz bewegen; auch sind gelegentlich Mitglieder des technischen Personals in Statistenrollen zu beobachten; in der Pause sieht man dann einen römischen Krieger eine Bank auf dem Kopf tragen oder einen Gascogner Kadetten, der eine Leiste festschraubt. Die spielenden Kinder in der Menge sind zumeist gleichfalls Abkömmlinge des Theatervölkchens.

Handelt es sich um ein besonders volkreiches Ausstattungsstück, dann tummeln sich auf der Bühne sämtliche Schneiderinnen, Garderobefrauen, Dekorateure, Kulissenschieber, Leichenbestattungsangestellten, der Requisiteur, Studenten der Hoch- und Fachschulen und um ein Haar sogar die Theaterleitung. Mithin bis zu fünfzig Personen. Für Lärm gibt es einen Sonderzuschlag. Das übliche Murren der Masse besteht aus dem geheimnisvollen Wort »Rhabarber«.

Der Inspizient

Der Inspizient läuft mit dem Buch in der Hand hinter den Kulissen herum, schickt die Schauspieler im richtigen Augenblick und durch den richtigen Spalt auf die Bühne, dirigiert oder produziert sogar die Geräusche hinter der Szene und gibt das Zeichen, wann der Vorhang hochgehen oder fallen soll; ferner gibt er das Klingelzeichen in die Garderoben, ruft auf den Gängen: »Wir fangen an«, übernimmt Kleinrollen, stampft wie ein Pferd, wenn im Stück ein Pferd stampfen soll, duzt sich mit den Schauspielern und wird für alles, was passiert und nicht passieren soll, in die Pflicht genommen. Wie es große und kleinere Regisseure gibt, so gibt es auch große und kleinere Inspizienten. Der Inspizient muss gleichzeitig in der rechten wie in der linken Kulisse, hinter der Bühne und in der Versenkung sein, er muss kontrollieren, ob alles am Platz ist, die Möbel richtig stehen, die Beleuchtung stimmt und sämtliche Requisiten vorhanden sind. Bei den Abendvorstellungen vertritt er sogar den Regisseur. Er ist ein Mann, der sich manchmal schier zerreißen müsste, denn er trägt die Verantwortung für den fehlerlosen Ablauf der gesamten Vorstellung.

Was die Geräusche aus dem Off betrifft, so gibt es da verschiedene Zuständigkeiten: Den Donner lässt ein Maschinist vom Schnürboden aus erdröhnen, den Sturmwind kurbelt ein Kulissenschieber mit der Windmaschine an, während Regen, Glockengeläut, Sirenen und Schüsse Sache des Requisiteurs sind; der Inspizient ahmt noch dazu Vogelstimmen nach, drückt Autohupen, klappert mit Geschirr, lässt Telefone klingeln und sorgt für die vielen anderen vorgeschriebenen Geräusche außer für diejenigen, die das Orchester übernimmt.

Der Souffleur

Irrig ist die Annahme, der Souffleur sage den Schauspielern nur ganz mechanisch den Text vor. So verhält es sich keineswegs.

Ein großer und begnadeter Souffleur lebt förmlich mit dem Schauspieler mit; beherrscht der Schauspieler den Text wie am Schnürchen, dann klönt ihm der Souffleur nicht dazwischen; meist weiß er schon zwei Sekunden vorher, wann der Schauspieler einen »Hänger« haben wird. Der Schauspieler reagiert bloß dann gereizt, wenn der Souffleur unnötigerweise in seinen Redefluss einbricht, und erst recht, wenn er ihm in einer Sekunde der Unsicherheit um ein paar Worte voraus ist; es handelt sich da um einen geheimnisvollen Kontakt, weshalb der Beruf des Souffleurs eine Art göttlicher Mission ist. Ein guter Souffleur wird deshalb verhätschelt wie kaum jemand sonst. Der Souffleur hat ein persönliches Verhältnis zum Stück. Es gibt Stücke, die er gern souffliert, und andere, die er ungern souffliert; er langweilt sich bei einem langweiligen Stück und amüsiert sich, wenn es lustig zugeht.

Wenn Autoren bei der Besetzung mitreden, vergessen sie immer den Souffleur; was davon zeugt, wie wenig sie von der Bühne verstehen.

Der Vorhangzieher

Der Vorhangzieher sitzt in einem gläsernen Kasten gleich neben der Bühne und lässt auf das Zeichen des Souffleurs den Vorhang fallen. Der Vorhang fällt entweder rasch oder senkt sich langsam und tragisch, je nachdem, wie das Stück ausgeht. Der Vorhangzieher ist im Fall eines Theaterbrands verpflichtet, so lang auf seinem Platz zu verharren, bis er den eisernen Vorhang heruntergelassen hat. Dieser heroischen Stellung und Mission vollauf bewusst, hat er den konzentrierten Gesichtsausdruck eines exponierten Vorpostens und neben sich einen halben Liter Bier.

Der Requisiteur

Der Requisiteur haust in der Requisitenkammer, einer schwer zu beschreibenden Räumlichkeit; denn hier gibt es alles, was man sich nur vorstellen kann: Schwerter, einen ausgestopften Kanarienvogel, Eimer, Trommeln, Bierhumpen, Geschirr, Taschen, Tabakspfeifen, Monstranzen, antike Vasen, Folianten, Körbe, Koffer, Tintenfässer, Samoware, Diademe, Ringe, Spielkarten und Würfel, Posaunen, Bischofsstäbe, Hellebarden, Indianerköcher, Kaffeemühlen, Schachteln, Pistolen, Dolche, Peitschen, Waagen, Banknoten und Münzen, Ketten, Stöcke, falsche Braten und Torten, Angelruten, Zivil- und Militärzubehör, Möbel aus allen Zeiten, Gegenstände aus allen Ländern – kurzum: alles, was es jemals gegeben hat und noch gibt.

Der Requisiteur muss alles auftreiben, was dem Autor in den Sinn kommt: ein Automobil, Pferde, ein Aquarium, einen weißen Elefanten, eine tote Katze, einen lebenden Pfau, eine Dezimalwaage, Aladins Ring, schmutzige Wäsche, Drehorgeln, einen Springbrunnen, eine Höllenmaschine, eine Eskimoharpune oder Arons Stab oder eine blaue Tulpe oder ein singendes Spinnrad, kurz alles, bis auf folgende Einschränkungen:

Alles, was an die Wände genagelt wird und was hängt, fällt in den Zuständigkeitsbereich des Dekorateurs;

was leuchtet, ist Sache des Beleuchters;

was außer Schmuck und Waffen am Leib getragen wird, dafür ist der Garderobier verantwortlich.

Der Requisiteur hat außerdem alles zu beschaffen, was während des Stücks auf der Bühne gegessen, getrunken und geraucht wird; ferner alle Depeschen, Briefe und Urkunden, die auf die Bühne gelangen sollen, aufzubewahren und auszugeben; lebende Tiere zu betreuen; zu läuten und zu schießen; alle benötigten Sachen auf die Bühne zu bringen und wieder wegzutragen und vieles andere mehr.

Vom Standpunkt des Requisiteurs sind die realistischen Stücke »schwere Stücke«. Man möchte nicht glauben, wie schwierig es ist, beispielsweise rostige Fassdauben oder eine Dochtschere oder einen »Stock aus Krummholz« aufzutreiben; und gerade solche Dinge schreiben die realistischen Autoren besonders gern vor. Sie täten besser daran, nach einer päpstlichen Tiara oder dem Dreizack des Neptun zu verlangen; solche Erinnerungsstücke gibt es in der Requisitenkammer zuhauf; aber wo in Gottes Namen soll man rostige Fassdauben hernehmen? Woher bekommt man ein Bündel gekämmten Hanfs? Wo kauft man Garbenbänder oder eine zerbrochene Kraxe? Das sind Ansprüche!

Der Beleuchter

Der Beleuchtungsmeister hat sein Wirkungsfeld jenseits der Bühne oder im Portal, er bedient eine Art Lichtorgel; jedes dieser Register, jeder Hebel oder Knopf entzündet irgendeine Lichtquelle in weißer, gelber, roter, hell- oder dunkelblauer Farbe, in Orange oder Mondschein; dann gibt es ein unteres und ein oberes Rampenlicht oder die Rivalte; einen oberen Zweier, Dreier und Vierer, die Einzelständer in den Kulissen oder auf der Brücke, weiter Scheinwerfer im Portal, in den Logen, den Kronleuchter, die Lampen auf der Galerie, dazu die tragbaren Tausender, Bogenlampen, Reflektoren mit Glühbirnen, Beleuchtungsrinnen und Kegel an freien Anschlüssen, die Batterien, Taschenlämpchen, Projektionsapparate, den Wolkenfilm, Transparente, und ich weiß nicht, was noch alles; all das, zusammen mit den Kabeln, Regulatoren, Transformatoren und anderen geheimnisvollen Maschinen,

nennt sich Beleuchtungspark. Von unten sieht es nach nichts aus, wenn der Held »im Rampenlicht« steht; dabei strahlt der Reflektor vom Schnürboden auf ihn und aus der Kulisse heraus noch ein Kegel vom Fußboden her, die Lampen werden langsam heiß, und die armen Teufel von Elektrikern halten sie in den bloßen Pfoten, während es dampft wie in einem heißen Backofen; vielleicht reicht das Licht nicht in irgendeinen Winkel, oder es wirft irgendwo Schatten oder Figuren, oder es ist so schummerig wie in einem Klassenzimmer; der Regisseur verlangt nach den größten Lichtkunststücken, aber der Beleuchter hat kein Kabel mehr frei.

Da brennen vielleicht schon zehntausend Kerzen, und es ist immer noch nicht schön und strahlend genug, sodass der beflissene Beleuchter am liebsten mit den eigenen Augen und Fingern leuchten möchte, um den Herrn Regisseur zu befriedigen. Er mischt alle Farben, legt die Kabel über die ganze Bühne, schaltet und zieht alle Hebel, jagt seine Mannschaft in die Logen, in die Versenkungen und auf die Brücke am Schnürboden, damit sie noch einen Reflektor einrichten; und auf einmal: »Halt! Jetzt, jetzt ist es gut«, schreit der Regisseur, »notieren Sie das bitte rasch?« Mit bebenden Händen kritzelt der Beleuchtungsmeister akribisch irgendwas auf ein Stück Papier. Nun, vergebens: Dieser wundervolle Lichteffekt gelingt kein zweites Mal; denn was man auch anstellen mag, im Theater geht einfach immer etwas schief. Eine Anmerkung sei hier erlaubt: Was Beleuchtung angeht, befinden wir uns noch in den Kinderschuhen.

Vom Regisseur und dem Bühnenbildner beziehungsweise den inszenierenden Künstlern war hier schon die Rede; bleibt uns noch

Der Bühneninspektor

auch Bühnenmeister genannt, Herr über Tischlerei, Malsaal und Magazin, der Mann, dem der Bühnenbildner seine Entwürfe übergibt: Und nun, Mensch Gottes, bastel das irgendwie aus Leinwand und Latten. Das ist leicht gesagt; auf Papier lässt sich alles aufmalen, aber damit es dann steht und zusammenhält, brauchts noch was anderes. Deshalb sagt der Bühnenmeister immerzu: »Jesusmaria, das geht nicht« und »Jesusmaria, wann sollen wir das denn machen?«. Gehen tut es dann doch irgendwie, und am Ende wird es sogar meistens beinahe fertig; keine Ahnung, wie sie das schaffen; aber beim Theater hat man es ja oft genug mit dem Unmöglichen zu tun.

Die Theaterdekorationen also bestehen:

1. aus Praktikabeln, das heißt: aus verschiedenen Treppen, Stufen, Hockern, Podesten und Tafeln, aus zusammenlegbaren Gerüsten und anderen Verschlägen, auch plastisches Bühnenbild genannt;
2. aus Prospekten und Horizonten, das sind die großen bemalten Planen, die im Hintergrund hängen;
3. aus Versatzstücken, das sind verrahmte Ausstattungsteile, die am Boden festgeschraubt werden;
4. aus dem Rundhorizont und den Hängern und Bögen, was wiederum bemalte Leinwand ist, die an den sogenannten Zügen hängt;
5. aus Draperien;
6. aus verschiedenen Abdeckungen, die nur die Durchgänge im Kulissenhintergrund kaschieren.

Das ist alles, und aus diesen paar lumpigen Latten und Fetzen sollen Welten hervorgezaubert werden, Firmamente, Luftschlösser und anderer Kokolores. Und wenn es dann bei der Generalprobe auf der Bühne steht, hängt und in den Boden gerammt ist, von Latten gestützt und noch nach Holz und Leim riecht, strahlt der Bühnenmeister unten im Parkett; er hat weder Augen für die Darsteller noch Ohren für den Text, der auf der Bühne gesprochen wird, sondern fiebert mit all den Versatzstücken, Podesten, Treppen und Prospekten mit. »Großartig, wie das spielt, was?«, sagt er mit berechtigtem Stolz.

Und wenn ihr Premierenzuschauer brummelt, weil die Pause zu lang dauert, solltet ihr mal einen Blick auf das Schlachtfeld des Bühnenmeisters werfen. Der Vorhang ist noch nicht ganz unten, da packen vierzig Hände schon die Versatzstücke und Praktikabeln und fangen an »umzubauen«. Die Prospekte gehen in die Höhe, der Rundhorizont wird eingerollt, damit er zum Umbau keinen Platz wegnimmt. Die Dekorateure reißen unter Staubwolken die Teppiche vom Boden und legen andere hin, dann räumen sie Tische, Stühle und bringen Schränke und Betten; quietschend sackt die Versenkung unter den Füßen davon, und Achtung!, vom Schnürboden saust den Leuten ein neuer Prospekt auf den Kopf. Schon stehen andere Wände da, der Tapezierer nagelt die Draperie fest, der Requisiteur schleppt einen Korb neuer Sachen herbei und die Beleuchter neue Lampen und Wandleuchter.

»Hurtig, hurtig!« – »Mensch, hauen Sie ab damit!« – »Achtung!« – »Jesusmaria!« – »Vorsicht, Kopf weg!« – »Verschwinde mit deiner Leiter!« – »Ferdl, halt das mal!« – »Was treiben Sie da, Menschenskind?« – »Schraub das an!« – »Aus dem Weg!« – »Wo kommt das hin?« – »Das fällt ja um!« – »Vollidiot, hirnverbrannter!« – »Gestern hab ich doch gesagt –« – »Nu mach schon, um des Himmels willen!« – »Was schraubst du denn da noch?« Wumms, jetzt ist es wirklich umgefallen; das reinste Wunder, dass niemand erschlagen worden ist. »Obacht, Versenkung!« – »Vorsicht!« – »Vorsicht!!« – »Geht aus dem Weg!« – »Schafft das weg!« – »Nu ists abgebrochen!« – »Die Treppe!« – »Das hält doch niemals!« – »Nehmt das wieder runter!« – »Wer hat meinen Hammer, zum Teufel?« – »Soll man halt ein Stückchen absägen!« Pling! Der Inspizient gibt das erste Klingelzeichen für den Vorhang. »Das ist doch alles falsch, mein Gott! –

»Hier muss noch 'ne Leiste hin!« – »Lassen Sie das stehen!« – »Tragt das weg!« Die Schauspieler sind schon auf der Bühne. »Hat jemand mein Nähzeug gesehen?« – »Die Tür geht ja nicht zu!« – »Aber der Sessel hat doch ganz woanders gestanden!« – »Schnell, her mit dem Brief!« – »Heute halt ich bestimmt nicht bis zum Ende durch!« – »Kruzifix, wo ist mein Schal?« – »Ich kann kein Wort!« Pling. Der Vorhang hebt sich langsam und unwiderruflich. Gütiger Gott, wenn bloß bis zum Ende des Aktes alles glatt läuft!

Das technische Personal

Das technische Personal ist, wie man sieht, zwischen den einzelnen Akten sehr beschäftigt; bei den Premieren drängt es sich während der Aufführung in den Kulissen, wo es zuhört, Witzchen reißt oder nachrechnet, wann Schluss sein wird. Bei den normalen Vorstellungen spielen sie Karten oder liegen im Aufenthaltsraum auf den Bänken. Eine halbe Minute vor Aktschluss klingelt eine Glocke nach ihnen, und sofort poltern sie auf die Bühne, wo gerade noch ein lyrischer Dialog zu Ende gesäuselt wird. Einreißen, Jungs! Umbauen!

Die Möbelträger

Diese halten sich meistens im Möbelspeicher und in den Magazinen auf, wo einigermaßen abgewetzte Throne, Bauernstühle, Louis-XV- und Louis-XVI-Sessel mit zerschlissenen Bezügen, antike Liegen, gotische Altäre, Schränke, Etageren, Kamine und Särge und überhaupt alles, worauf Menschen je saßen, aßen und lagen, aufgestapelt ist. Nur nennt sich die antike Liege nicht antike Liege, sondern »das Kanapee, was in *Quo vadis* spielt«, das Louis-XV-Zimmer heißt schlicht: »Die Sessel, wo in der *Revolutionshochzeit* gespielt haben« oder sonst irgendwo. Jedes Stück Theaterinventar hat seinen Namen; ebenso wie in der Garderobe, »der Rock, den der Herr Slezak im *Rosenkavalier* angehabt hat«, oder man sucht »die Stiefel, die im *Othello* gespielt haben«.

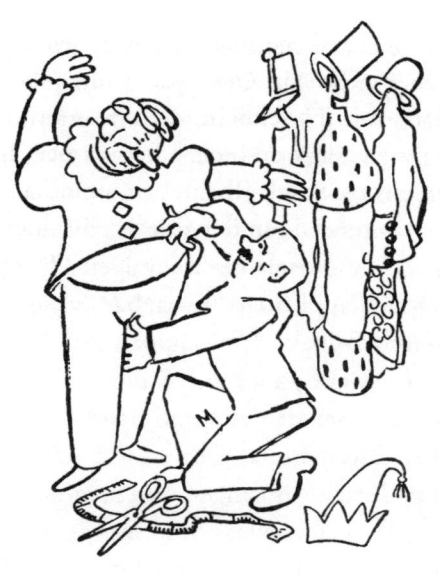

Die Ankleider und Ankleiderinnen

Sie hausen teils in der Schneiderei und im endlosen Kostümfundus, teils in den Schauspielergarderoben. In einem solchen Fundus könnte die gesamte Potsdamer Garnison eingekleidet werden, freilich etwas bunt durcheinandergewürfelt; da hängen dreißig römische Senatoren, ein Dutzend Mönche, vier Kardinäle, ein Papst, fünfzig römische Legionäre mit Helmen und Schwertern, zwanzig Teutonen, sieben Gerichtsboten, zwei bis drei Henker, ein paar Onegins, Kavaliere in Samt und Seide, spanische Granden mit Kürbishosen, ferner ganze Stöße von breitkrempigen Hirten- und Musketierschlapphüten, unsagbar viele Pickelhauben und Tschakos, Pelzkappen und Pudelmützen, haufenweise Sporen, Wallensteinerstulpen, Bundschuhe, Schaftstiefel und Sandalen, Schwerter, Säbel, Zweihänder, Degen und Rapiere, Riemen und Gürtel, Rüstungen und Schilder, Trikots, Pelze und Brokate, Felle, Kapuzencapes und Hemden, ein unendliches und nutzloses Inventar, wo alles vorhanden ist, bloß nie das, was man gerade braucht. Das alte ehrwürdige Kostüminventar ist aus guten und teueren Stoffen genäht; heute näht man aus Papier, Futtercloth oder Sackleinen, das dann bemalt oder mit Farben besprizt wird, und fertig ist das Prachtgewand; Leute, das sieht aus der Nähe vielleicht aus!

Auch die Ankleideleute haben ihr Verhältnis zum Theaterstück. »Das taugt nichts«, sagen sie, »da gibts keinen Kostümwechsel.«

Die Feuerwehrleute

Die Feuerwehrleute stehen gleich hinter dem Portal, genau dort, wo sie am meisten im Weg sind. Sie wirken düster und ernst und lachen und weinen nicht; aber sobald auf der Bühne eine ungeschützte Kerze brennt oder ein Schauspieler sich eine Zigarette ansteckt, verfolgen sie das Feuerspiel mit gespanntem Interesse, bereit, mit gezückter Axt auf die Bühne zu stürzen.

Verschiedene

Ferner sind da noch der Maschinenmeister und der Heizer sowie die Reinemachfrauen, und dann noch ein in der Regel älterer Mensch namens Herr Krause oder Herr Neumann oder so, von dem niemand weiß, wozu er da ist und was er eigentlich treibt, und der in der Regel Bier holen geht.

Der Hausautor

Das ist ein Autor, der nur für »sein« Theater schreibt. Normalerweise schreibt er den Schauspielern die Rollen auf den Leib, wofür er bestimmte Privilegien genießt; so darf er zum Beispiel in ihren Garderoben rauchen.

Die Abonnenten

Die Abonnenten gehören gewissermaßen zum Theaterinventar. Der Art nach unterscheidet man zwischen Montags-, Dienstags-, Mittwochsabonnenten und so weiter. Die Samstagsabonnenten sind angeblich die dankbarsten, die Montagsabonnenten gelten als kalt und verschlossen; jedes Publikum hat ein anderes Temperament, andere Ansprüche und persönliche Sympathien.

Die Besucher der Generalproben

sind nicht geladene Gäste wie in Paris, sondern eher ungebetene Gäste; man findet sie auf jeder Generalprobe, aber niemand weiß, wer sie sind – denn im Zuschauerraum ist es dunkel –, noch, woher sie kommen, denn eigentlich ist der »Zutritt verboten«. Sie bilden eine stille und geheimnisvolle Masse, die nicht mit Butterbrotpapier raschelt und sich womöglich nicht einmal langweilt ...

Und dann gibt es da noch die vielen Leute unter der Erde, die ihr Lebtag niemand gesehen hat. Und außerdem habe ich ganz bestimmt noch jemanden vergessen. Das Theater ist und bleibt eben ein komplizierter und bislang unerforschter Organismus.

Der Autor

Karel Čapek kommt am 9. Januar 1890 als drittes Kind der Familie Antonin Čapek in Malé Svatoňovice zur Welt. Er besucht in Hradec Králové, Brünn und Prag das Gymnasium und schließt es 1909 ab. Von 1909 bis 1915 absolviert er ein Philosophiestudium an der Universität in Prag, mit Aufenthalten an der Friedrich-Wilhelm-Universität in Berlin und der Sorbonne in Paris. Aufgrund einer Rückenverletzung wird Čapek während des Ersten Weltkrieges nicht in die Armee eingezogen.

Zusammen mit seinem Bruder Josef Čapek arbeitet Karel Čapek in der Folge als Journalist der Zeitung *Národní listy*, welche er 1920 verlässt. Im selben Jahr lernt er seine spätere Ehefrau Olga Scheinpflugova kennen und veröffentlicht sein erstes wichtiges Werk, das Theaterstück *R.U.R.* Von 1921 bis 1923 wird Karel Čapek Dramaturg am Theater in den Weinbergen in Prag.

In den Jahren 1923 bis 1937 folgen ausgedehnte Reisen durch ganz Europa. Immer stärker thematisiert Čapek in den 1930er-Jahren in seinen literarischen Werken die Bedrohung durch Diktaturen, er warnt vor dem aufkommenden Nationalsozialismus, hält aber auch zum Kommunismus Abstand. Bei einem Treffen des internationalen PEN-Klubs im Juni 1938 in Prag weist er die Teilnehmer auf die Gefahr eines Zweiten Weltkriegs hin. Kurz vor dem Einmarsch der Deutschen in der Tschechoslowakei erhält Karel Čapek im November 1938 die Möglichkeit, das Land zu verlassen und nach England ins

Exil zu gehen. Er entscheidet sich zu bleiben und stirbt am 25. Dezember 1938 infolge einer Lungenentzündung.

Karel Čapek war einer der produktivsten tschechischen Autoren seiner Zeit. Er hat ein vielfältiges Werk hinterlassen, das Erzählungen, utopische Romane, gesellschaftskritische Romane, Dramen, Feuilletons und Reiseberichte umfasst.

Der Illustrator

Josef Čapek, der ältere Bruder von Karel Čapek, kam 1887 in Hronov zur Welt. Er studierte von 1904 bis 1910 an der Hochschule für angewandte Kunst in Prag und arbeitete danach als Journalist und Karikaturist für verschiedene Zeitschriften. 1981 gründete er eine Künstlergruppe und schrieb zusammen mit seinem Bruder Karel an verschiedenen literarischen Texten. Im Jahr 1939, unmittelbar nach dem Einmarsch der Deutschen in der Tschechoslowakei, wurde Josef Čapek aufgrund seines politischen Engagements verhaftet und nacheinander in verschiedene Konzentrationslager gebracht. Er starb im April 1945 im Lager Bergen-Belsen.

Bücher zum Schenken im Unionsverlag

SIDONIE-GABRIELLE COLETTE
Die Katze aus dem kleinen Café

Colettes Katzen zeigen ihren ungebrochenen Stolz und Mut sowie eine magische Schönheit. Alle ihre Katzenwesen leben – frei oder bei ihren Menschen – in den Wohnungen, versteckten Höfen oder Gärten von Paris. Bei der Lektüre verwandelt sich die Stadt in ein geheimnisvolles, großes Katzenrevier.

Colette, die Dichterin der Leidenschaft und der Liebe, zeigt die Natur und die Instinkte der Tiere – fern von Kitsch und Verniedlichung. Und man ahnt es: Manche Katzen verkörpern die schönere und freiere Seele der Menschen.

MAXENCE FERMINE
Am Ende der Teestraße

Schon als Kind ist Charles Stowe, der Sohn eines Londoner Teehändlers, fasziniert von den Geheimnissen des Tees. Die Welt der tausend Düfte und Aromen verzaubert den jungen Mann so sehr, dass er aufbricht, um den seltensten chinesischen Tee nach England zu importieren.

Die Begegnung mit der mysteriösen Loan bringt seine Pläne durcheinander. Die schöne Frau scheint ihm begehrenswerter als der edelste Tee. Sieben Tage und Nächte darf Charles mit Loan verbringen – unter der Bedingung, dass er die Gegend anschließend sofort verlässt …

Mehr über alle Bücher auf *www.unionsverlag.com*

Bücher zum Schenken im Unionsverlag

TSCHINGIS AITMATOW
Dshamilja

Der 15-jährige Seït erzählt die Geschichte seiner jungen, verheirateten Schwägerin Dshamilja. Während ihr ungeliebter Ehemann an der Front steht, lernt die selbstbewusste, lebensfrohe Dshamilja den scheuen, träumerischen Danijar kennen und lieben.

Der junge Seït erzählt mit den Augen eines Kindes, das zu verstehen beginnt, welch eine Macht die Liebe sein kann. Denn Dshamilja sagt sich von ihrem Heimatort und den alten Traditionen los und zieht in die Ferne.

EMIL ZOPFI (HG.)
Winterwandern – Geschichten von Schnee und Eis

Gut wattiert und ausstaffiert mit Pudelmütze, Handschuhen und Schal lässt sich auch bei Eis und Kälte jeder Winterweg unter die Füße nehmen. Über den Zauber des Draußenseins in der weißen Jahreszeit, über waghalsige Expeditionen, über Schnee- und Gipfelstürme berichten die Autorinnen und Autoren in diesem Erzählband. *Robert Walser* überlegt, ob man sich im Schnee schmutzig machen kann, *Hermann Hesse* lauscht auf einen Gesang im Schneegestöber, *Franz Hohler* trifft in der Schwebebahn auf alte Bekannte und vieles mehr …

Mehr über alle Bücher auf *www.unionsverlag.com*

Bücher zum Schenken im Unionsverlag

RUDYARD KIPLING
Genau-so-Geschichten
oder Wie das Kamel seinen Höcker kriegte

»… da sah das Kamel, wie sein Rücken, auf den es so stolz war, sich auf und immer aufer blies bis zu einem großen wabbelnden Höck.« Genau so kam das Kamel zu seinem Höcker. Und wie der Elefant seinen Rüssel kriegte, das Nashorn seine faltige Haut oder der Leopard zu seinen Flecken kam – all das und noch viel mehr erfahren wir in Rudyard Kiplings witzigen Vor- und Selbstlese-Geschichten, die zur Pflichtlektüre auf jeden kleinen und großen Nachttisch gehören.

BRIGITTE HEINRICH (HG.)
Der große Fang – Geschichten von Fisch und Mensch

Ob wir nun mit hochgekrempelten Hosenbeinen am Dorfteich stehen, mit der Profiangelausstattung im Weltenmeer stochern oder mit der umgebundenen Serviette erwartungsvoll vor der Suppenschüssel sitzen – das Verhältnis zwischen Fisch und Mensch ist ein ganz besonderes. Bereit liegt hier ein praller Kescher voller unterhaltsamer, kurioser und lehrreicher Geschichten aus aller Welt für alle Sympathisanten des schillernden Wasserwesens.

Mehr über alle Bücher auf *www.unionsverlag.com*

Bücher zum Schenken im Unionsverlag

Juri Rytchëu
Die Frau am See – Ein Liebesmärchen aus der Tundra

Gatle und Lollo erkennen schon als Jungs, welches der bedeutendste Teil ihres Körpers ist – und brennen darauf, ihn einzusetzen. Bald ist kein weibliches Wesen der Tundra vor ihnen sicher. Da erteilt ihnen der Schamane Tschenko eine Lehre: Er macht sie zu winzigen Männlein. Eines Tages begegnen sie am See einem riesenhaften Wesen. Im Gras liegt die verführerischste Frau des Polarsommers. Was tun? Die Lust erwacht – aber erst als die Liebe hinzukommt, wird das Glück möglich.

Elsemarie Maletzke (Hg.)
Seht meinen Garten!

Zwar ist der eigene Garten eine Quelle von Glück und Leidenschaft – aber was wäre er ohne den Blick über den Gartenzaun hinüber zum Nachbarn. In diesem Band öffnen Autorinnen und Autoren ihr Herz und ihr Gartentor. *Eva Demski* erbarmt sich der floralen Sozialfälle aus dem Supermarkt. *Beate Taudte-Repp* züchtet Marienkäfer, um Ginster und Rosen zu retten.

Bernd Fritz holt sich im Garten einen Marmeladenrausch und vieles mehr …

Mehr über alle Bücher auf *www.unionsverlag.com*

Bücher zum Schenken im Unionsverlag

Reginald Arkell
Pinnegars Garten

Herbert Pinnegar, ein Findelkind, entdeckt schon früh seine Liebe zu den Blumen und fängt als junger Bursche an, im Garten von Lady Charteris Unkraut zu jäten. Als der altersgrantige Obergärtner abtritt, schlägt seine große Stunde: Er übernimmt das Gartenregiment und teilt sein Leben fortan mit Heckenrosen und Buschwinden. Er ist ein wandelndes Kompendium des Gartenwissens und ein Zauberer, der seine Lady immer wieder in Erstaunen versetzt.

Mauricio Botero
Don Ottos Klassikkabinett

Don Otto betreibt einen kleinen Musikladen in Bogotá. Ob Punker, Partygirl, Politiker, ins Zivilleben zurückgekehrter Guerillero, ja selbst erklärter Musikhasser: Für jeden legt Don Otto die richtige Musik auf, serviert dazu eine Tasse duftenden kolumbianischen Kaffee und bringt dabei funkelnde Anekdoten und Erkenntnisse aus dem Leben und Werk der Komponisten an den Tag – von Bach, Beethoven bis Strauss oder Telemann.

Mehr über alle Bücher auf *www.unionsverlag.com*

Bücher zum Schenken im Unionsverlag

WILHELM ELSSCHOT
Maria in der Hafenkneipe

Ein regennasser, kalter Wintertag – und Feierabend für Frans Laarmans. Er hat die besten Vorsätze und will schnurstracks nach Hause. Da kommen ihm drei afghanische Matrosen in die Quere. Sie halten ihm den Boden einer Zigarettenschachtel unter die Nase, worauf in Krakelschrift der Name »Maria« und eine Adresse stehen. Eine Dame von zweifelhaftem Ruf? Laarmans lässt alle Vorsätze fahren und geht mit den drei Fremdlingen auf die Suche.

EMIL ZOPFI (HG.)
Über alle Berge – Geschichten vom Wandern

Wer kennt sie nicht, die seelenreinigende Wirkung des Wanderns in der Höhenluft? Hier erzählen Autorinnen und Autoren vom Überqueren der Alpen, vom Aufstieg auf kleine und große Gipfel, von funkelnder Sonne und wogendem Nebel – und von den inneren Regungen, die jeder verspürt, wenn er sich über das Tiefland erhebt. *Max Frisch* überquert die Alpen, *Goethe* stapft über die verschneite Furka, *Franz Hohler* läuft sich Blasen und vieles mehr …

Mehr über alle Bücher auf *www.unionsverlag.com*